活佛老師問

參訪29位 藏密大上師的歷史現場

巴麥欽哲仁波切
（黃英傑博士）著

堪千阿貝仁波切賜藏文序

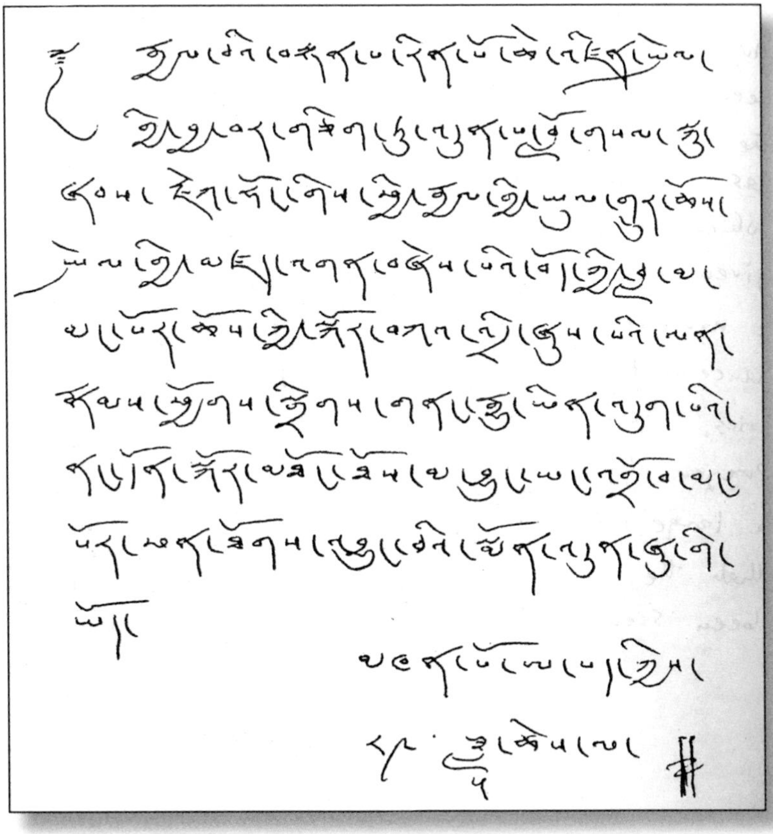

堪千阿貝仁波切賜英文序

Mr, Jack Huang, who is fully devoted and has been focusing his entire enthusiasm toward the dissemination of the Lord Buddha's doctrine, has in his mind to edit and publish a book which consists of his questions and the answers given by Tibetan Lamas who are undertaking a numerous religious activities for the enhancement of Buddha's teaching in foriegn countries. Hereby, I offer my sincere wish and prayer that it would serve the purpose of a large number of beings, despite the fact that the content of the book has neither been seen or heard.

Khenpo Appey Rinpoche

2.5. 1989.

薩迦佛學院第一任院長 堪千阿貝仁波切 序

黃英傑是位全心投入且熱心專注於佛教教義傳播的青年，此次他有意編撰集結出版一本書，內容包含他與一些目前正在從事於推展佛教弘法活動的西藏喇嘛之間的問答記錄。

雖然此書的內容尚未公諸於世，但我仍獻上最誠摯的祈願和祝福，希望這本書能對各方有所助益。

堪千阿貝仁波切

直貢澈贊法王賜序

༄། །འབྲི་གུང་སྐྱབས་མགོན།། DRIKUNG KYABGON

直貢澈贊法王 序

巴麥欽哲仁波切（黃英傑）從少年時，即精勤於佛法的聞思修與口譯、寫作。這次他在藏傳佛教四大教派著作中，共有 26 冊佛教書籍，這些成果，與我在 1995 年賜封他為阿闍黎時的期許一致。

當時他已擁有完整的佛學資歷，從學於藏傳佛教新舊譯派之諸多具德上師，廣泛地領受了共與不共灌頂、口傳及口訣教授；且在顯密佛教修行體系、次第及內涵上都有無誤的學習與通透的了解。因此，我期許他以完整的佛學資歷，為漢地修學藏傳佛教的弟子及正法宏揚，帶來廣大的利益。

他的著作中，包含藏傳佛教重要歷史、教法，以及許多大師的珍貴教導。可知他盡力貢獻所學，也有目共睹地嘉惠了無數華文區對學習藏傳佛教有熱情的佛子。

欣聞巴麥欽哲仁波切所有著作即將重新出版，對此，我寄予無限的祝福，並且我相信全新的面貌，將令原作的精華更加突顯，利益更多的眾生。

蒙受 嘉哇直貢巴名號所加持的 昆秋丹增昆桑赤列倫珠

於 2018 年 08 月 30 日

直貢澈贊法王 序

巴麥欽哲仁波切（黃英傑）從少年時，即精勤於佛法的聞思修與口譯、寫作。這次他在藏傳佛教四大教派著作中，共有二十六冊佛教書籍，這些成果，與我在一九九五年賜封他為阿闍黎時的期許一致。

當時他已擁有完整的佛學資歷，從學於藏傳佛教新舊譯派之諸多具德上師，廣泛地領受了共與不共灌頂、口傳及口訣教授；且在顯密佛教修行體系、次第及內涵上都有無誤的學習與通透的了解。因此，我期許他以完整的佛學資歷，為漢地修學藏傳佛教的弟子及正法宏揚，帶來廣大的利益。

他的著作中，包含藏傳佛教重要歷史、教法，以及許多大師的珍貴教導。可知他盡力貢獻所學，也有目共睹地嘉惠了無數華文區對學習藏傳佛教有熱情的佛子。

欣聞巴麥欽哲仁波切所有著作即將重新出版，對此，我寄予無限的祝福，並且我相信全新的面貌，將令原作的精華更加突顯，利益更多的眾生。

蒙受　嘉哇直貢巴名號所加持的　昆秋丹增昆桑赤列倫珠

於二〇一八年八月三十日

羅卓仁謙 序

藏傳佛法圈有一句老話：「往昔祖師傳記，即隨學弟子修行。」

藏傳佛法師徒相傳的寶貴傳統，橫越了一千多年來從未間斷，就算來到今日的二十一世紀，它仍然保有其強韌的生命力，以更符合現代人的方式傳遞著。正因為它如此充滿了代代祖師的祝福，更是每一代行者們努力從自己生命中長出的證悟之花，所以其所能帶來的感動與啟發，實無可用言語完整詮說。

概言之，大師們的事蹟，是我們的典範，讓我們知道：我終有一天，也會像他那樣。至於這一天何時到來，則完全取決於我們個人的決心。

本書正是這種精神的一句體現：首先，採訪者——巴麥欽哲祖古，是一位土生土長的台灣人，在接受一系列的訓練與修持後，往昔緣分與深藏種性的完全甦醒，得到祖古（轉世者）的認證。

其次，本書採訪的上師們不分教派、不分年紀而不分國族，他們分享藏傳佛法的精神，如何在他們心中長出究竟解脫之花，並用短短的採訪文字，將這些花中帶有的花蜜分享給讀者。

再者，本書所採訪的對象中，有許多位已經再難有機會接受如此的採訪：或已圓寂轉世、或遁世閉關，或忙碌於利益大眾的法業上。其中，第三世蔣貢康楚仁波切的轉世——第四世蔣貢康楚仁波切，更是我讀書時期的同窗。擁有那樣的一段經驗，對我來說，看到其上一世受專訪時的文字內容，感觸特別深刻。更極為感謝巴麥欽哲祖古能夠將這些文字分享給我這樣的後學，有機會窺見藏傳佛法早期走向世界、傳入台灣時期的艱辛，特別是這些「現在的大師，未來的祖師」們的堅毅與慈悲。

祖師的傳記、特別是這樣的訪談錄，要告訴我們的不是一個「完美的佛」、一個遙不可及又擁有各種超能力的「神」，而是一個從凡夫走向佛果途中的「人」：這些人中，有些是佛、有些是菩薩、有些是走得比我們更前面的有學凡夫，但無論如何，他們都是我們的學長，而不是我們的崇拜偶像。

我祈願本書的出版，能夠使讀者們見藏傳佛法修行者的精神於管中窺豹，並透過這些「花蜜」的薰染，如本書的訪談者與被訪談者一般，播下一些走向甦醒、走向覺悟的種子。

羅卓仁謙

二〇一九年二月二十二日

作者序

頂禮大智聖文殊師利菩薩！

因汲汲於生命意義與真理的追尋，我在大學一年級的一九八五年底正式接觸佛法，由於宿緣的關係，初始對於金剛乘教法便極有好感。最初自己探索顯密教法時，像大家一樣深感法門眾多、佛典充棟，佛子該聞何書？如何修持、實踐佛法？一九八六年《文殊》雜誌上刊出佛法諮詢服務，於是我立刻前往，結識了文殊創辦人之一的黃啟霖大德。一九八七年初接受第一個金剛乘灌頂後，基於對佛陀教法的絕對慎重，因此希望藉由聞、思、修的途徑來成熟自己的法緣，但是當時密法的圖書資料極為有限而缺乏系統，傳講的上師又少，若非大富大貴無由親近，因而倍感艱難。

或許我的生命註定要與佛法連結。

大學三年級時，我去當時最夯的麥當勞應徵工讀生，結果沒被錄取，因為主管們認為專科生比大學生好用。去不成麥當勞，於是我靈機一動，轉而向《文殊》雜誌的黃啟霖先生詢問工讀機會。當時他很善意的說：想想看有沒有適合的工作再通知你。我很積極地推薦自己說：我知道自己能做什麼！我提出直接訪問西藏上師、探討西藏佛教內涵、釐清諸多誤解等採訪構想。就這樣，我為自己創造了第一個工讀就業機會，也與西藏佛教、多位上師結下不解之緣。

我這個工讀生，在記者證的加持下，搖身一變成為雜誌社記者，順利展開了馬拉松式的採訪，其成果也在一九八九年底榮獲新聞局金鼎獎「公共服務獎」的《文殊》雜誌第三十七期（一九八九年四月）至第五十期（一九九〇年八月）之間刊載，頗獲好評，許多讀者對於下期訪問內容都抱以高度期待。

不料，文殊佛教文物百貨遭到祝融之災，《文殊》雜誌也因而停辦。但我在外島服役期間，仍持續整理錄音訪談資料，以及隨緣擔任諸仁波切法會口譯時，上師與弟子間的問答記錄。最後總共集結了西藏佛教四大教派二十九位仁波切、堪布、喇嘛的訪問稿與開示，約十五萬餘言，盡是「述而不作」的原音。

原書由薩迦達欽仁波切（一九二九～二〇一六）賜名「如是我聞～來自西藏的法音」（Thus I heard~The Dharma Sounds From Tibet），深符本書意旨，文殊化身名不虛傳；並蒙北印度薩迦佛學院創校院長——堪千阿貝仁波切，賜予藏、英文序；尊者是第四十一任薩迦法王（一九四五～）的親教師，此舉令我等感到無上光榮。

這些訪問內容，全部由我設計、翻譯、執行，事實上那些問題都曾是學密弟子們所困惑的一部分。雖然今日已有無數具德上師開示、傳法，弟子們的程度也相對提升，但這些珍貴、深刻的開示，依然能夠穿越時空、真實地利益眾生。

這些年來，許多讀者對本書再版反覆催促，但自二〇〇七年取得佛學博士學位、在華梵大學任教十年間，一者以教學、研究任務繁忙，又因欽哲光明壇城諸多閉關、法會等聞思修法務緊湊，實在無暇顧及舊作整理。如今，在商周出版社專業、精緻的編排下，終能再度以嶄新的風貌與法友們分享珍貴教言，如是我聞的法味歷久而彌新，總算不負法友讀者所願！

最後，願諸君在學法的道上，都有真正追隨具德上師的善緣，以圓滿佛道。

為巴麥欽哲名義所加持者・佛學博士黃英傑 恭撰於空行海會

目錄

一切逆境皆是往昔業力所現，

願現在所經不順，得以淨除吾障，並能解決他人之障；

而所經順境亦不應驕傲，應認為是三寶加持，願一切眾生皆如此而行；

任何善惡，皆完全依於三寶，不應悲傷，也不應過分歡喜。

〔寧瑪派〕第三世貝諾法王

ཁྱབ་དབང་པདྨ་ནོར་བུ། 1932-2009

貝瑪諾布仁波切是寧瑪派所屬白玉派第十一代法王，被認證為印度班智達無垢友轉世，也是釋尊時代金剛手菩薩的化身。誕生於西元一九三二年，藏曆水猴年十二月。幼年時即示現諸多神奇，是眾所皆知的大圓滿教法成就者。

訪問日期：一九八九年十一月十一日

問：此次蒞臨台灣之目的為何？

答：此次來的主要目的是：因為台灣的寧瑪巴白玉佛法中心乃是由蔣波仁波切所創建，而自從蔣波仁波切圓寂後，我就必須照顧此中心，同時這也是我的責任。

而第二個目的則是，由於蔣波仁波切的很多在台弟子也需要我的指導，所以我才來此。

一般來說，在西藏，我們擁有許多偉大的老師。特別是寧瑪派，而白玉[1]乃是其中六大寺之一。我既然身為法王，就必須為傳播教法而行。

問：法王此次來台，對台灣弟子印象如何？

答：一般來說，台灣的人都非常好，也都有禮貌。如果更親近，則將會更友好。台灣人看起來也對教法有較大的興趣，且願意遵循教法而修。

問：我們在日常生活中要如何安排修行？

答：一般來說，要人們去從事修行是很難的一件事，因為在我們現在的時間及環境中，大家都很忙而無法從事修行。

而如果要開始一天的修行，首先我們應該清淨自己，像是早上起來先沐浴乾淨，然後端坐於

1 寧瑪派六大寺為：吉扎寺（或稱吉薩寺），敏珠林寺（Mindroling Monastery），佐欽寺（Dzogchen Monastery），雪謙寺（Shechen Monastery），噶陀寺（Katok Monastery），白玉寺（Palyul Monastery）。

佛堂（如果有佛堂的話）。在開始前，我們的前方要有一皈依境或壇城，然後對它合掌禮拜。接著則是：為一切眾生能證解脫而生菩提心；並且我們在此世間的一切事情，不論好壞，都應依賴三寶；希望一切的障礙都能由此修行而得以清淨，一切眾生亦得解脫。

就一般而言，我們知道各種不同的祈請文，或是迎請各種智慧本尊；但如果我們不知道的話，也可以用想像的，我們觀想一切諸佛在我們前方，對他供養，使得淨除我們的障礙。不論任何供養皆可，像是鮮花、燃香等等。

供養可分兩種層次：一種是物質上的——我們將自己所擁有的最好物品供養出去；一種是觀想的——我們觀想將全宇宙的事物皆以供養形式而供出。

然後我們坐下，如果自己有特殊本尊，則可以觀想本尊；如果沒有，則可以觀想釋迦牟尼佛之形，將我們的心凝聚於本尊。接著誦咒，迎請真實本尊降臨，如此端坐禪定於此境一段時候。觀想本尊的身、口、意放光，融入自身的身、口、意中，得到加持而淨除障礙。

如此乃短時之修行，最後就是迴向，願以此功德，希望一切眾生皆得解脫，得證佛果。

在迴向之後，我們就可進入日常生活，一般是會先去吃早餐。如果我們知道如何唸誦祈願文，則就可在吃早餐前先供養三寶。

一般而言，我們日常生活會吃到各種肉，我們也知道各種咒語可以使其解脫。如果知道的話，我們可以先誦咒，願此生命能達解脫；如果不知道，則可以觀想對其發出慈悲之心。如此做，可以使我們的惡行減低，但不是完全的清淨。

一般來說，小乘是不許吃肉的，認為吃肉就違犯了戒律，是惡行。所以不吃肉，這是很好的。就大乘而言，我們知道吃肉乃非善行，但在吃的時候，由於和其有了某種關連，如果我們為其做某些善行，而願以此關連性使其得以解脫。很多偉大上師亦是如此而行，如果我們不得不吃肉的話，也應如此做。

到了晚上臨睡前，我們應該檢驗自己今天所做的事情。如果是善行，則將其迴向給一切眾生俱得解脫；如果是惡行，則懺悔以後絕不再犯。當我們這樣檢驗時，任何的好壞皆出於誠心、信心而依止於三寶。我們所行的不順事，不應認為三寶沒有幫助我們，而應想一切逆境皆是往昔業力所現，願現在所經不順，得以淨除吾障，並能解決他人之障；而所經順境亦不應驕傲，而應認為這是三寶加持，願一切眾生皆如此而行；任何善惡，皆完全依於三寶，不應悲傷，也不應過分歡喜。

一般而言，我們的心是散亂的，會想到很多惡事。如果我們能積聚身、口、意之善德，那麼其果報終有成熟的一天；我們應具足善良助人之心，如此，將惡行降低，並轉向於善行。我們不應挑剔他人之惡，可能我們會看到一些五根不全的人，而對他們心存輕蔑，我們應盡量去除此念，善加護持己心，知道什麼才是我們該做的。以上就是我們日常修行的簡要做法。

問：應如何安排閉關？

答：真正的閉關至少要七日才算，要一般人去閉關是很難的，因他們無法長久。真正的閉關並不簡單，要有真正的壇城，這是不大可能的。但一般尚可由前面所講的加以分段而修。

問：法王對台灣弟子的禪修有何看法與建議？

答：禪定的方法有很多的法門，台灣的弟子也是佛陀所教授的。在西藏有很多派別、很多方法，根據白玉傳承來看，有大圓滿法門可修，如果非常精進，則它是相當迅速的；如果沒有，那同樣也需要很多時間。

各種不同的法門都是根據不同的人而施設，任何佛所教之法，都是依於弟子根性。現在有很多的老師，他們只用一點點佛教的觀念，而有很多都是他們自己的觀點，這不是正確的方法。甚至非佛教之外道亦有其法門，亦有其成就；有些是有法門而無成就，他們的成就可能不算是究竟成就。佛教也有成就，但不能和外道比，它乃是得以脫離輪迴的完全成就，乃是不共的。

有些外道認為一切事物皆為神造，不論是好壞或哀樂，如果我們使他愉悅，我們就會幸福。這是他們的法門，雖然我們佛教並不同意，但也是一種方法。就像供養世間神祇，如果我們每天向他供養修持，他們亦有能力去助人；如果不供養他們，也就像常人一樣會去傷人。像這類世間神祇，他們具足力量，但他們未能解脫於輪迴，所以也不能使我們解脫。

佛陀的教法乃是為眾生之福而設，並不求回報，一般世間神祇則需要。佛陀的加持乃依於我們的信心而定，如果我們修得很好，就能得到加持。

問：南印度的寺院現今如何？寧瑪派之近況又如何？

答：如果就實相而言，沒有所謂的寧瑪派問題，這只是佛教在西藏的投射，這形成乃是根據傳入西藏之先後而分。

在一千二百年前，西藏還沒有佛教，首先傳入的佛教就稱寧瑪派。在赤松德貞那時候，藏王迎請了蓮師、貝瑪拉密渣、寂護等入藏，再加上超過一百位的譯師，完全地翻譯了經部及續部的經典，成功的譯入西藏。那時印度的佛教乃如日中天般地傳入西藏。而且那時的譯師皆（並）非常人，乃是大菩薩，具有無限的力量，不僅能過目不忘，而且知道多種不同語言；他們去印度並不用腳，而是用神通，常人要走一兩個月的路，他們一兩天之內就能來回，像這樣而譯出經典。這時的佛教就稱寧瑪（舊）派。

而像噶舉、薩迦等派，則是約八百年前而形成，稱為撒瑪（新）派。當新派傳入西藏時，因為一般人們都比較喜歡新的，尤其是中藏地區，所以在中藏寧瑪派就式微了，但在邊緣地區則比較沒有大礙。而寧瑪派六大寺的形式，則大約是在五百年前，白玉寺就是其中之一。

在廿世紀，因為局勢變化，一些仁波切遷移到印度。印度乃佛教之起源地，但現在卻不再是，所以像我負有法王之名的人，就有傳播教法的責任。為了佛教的開展，尤其是白玉傳承，所以我在印度建寺，如果沒有寺院，則教法將會散失，所以我在此建新寺院，這是我的主要任務，將來還要把教法帶回西藏去。

當我開始建寺時，需要很多財力，那時候我身邊只有少數和尚，大部分都是難民。以前在西藏建寺很簡單，不需花費很多時間、心血，沒有其他困難，只要將計畫公布，就能夠建寺，所以只要擔負傳法的責任。

那時在印度建寺，甚至身邊連好一點的衣服都沒有。我在一九六一年到達印度，一九六三年開始建寺，那時候很多人都認為馬上就會回西藏，所以都在笑我沒有錢還想建寺，後來的確我們不久就回去了，但我仍然堅持蓋下去。西藏人中，我是第一位在印度建寺的，甚至到現在仍未停止，目前約有四百位和尚在寺中學習，成為一所大寺，在最早只有二十人而已。

在我們寺中可分為三部分：第一部分是給予小喇嘛教育，有各種不同課程，為期八年；第二部分是主寺，有各種日課，各種閉關；第三部分則是學院，為期九年，亦有其特別的教師。在寺院的日常生活中，各部分皆各司其職，有其正常的運作。在學院中，每年都有考試，如果通過的，就可成為堪布（Khenpo），現在已培養出十人。

寧瑪派並不像其他派一樣，有很多教法在外傳布，因為寧瑪派在中藏式微，主要地區在東藏，靠近中國，離印度、尼泊爾都比較遠，當時只有七位堪布到印度。而傳法必須是具格上師，現在卻沒有很多，這也是不能廣傳的原因。

雖然在印度、尼泊爾邊境有不少寧瑪派寺院，但是因為以前距離中藏、東藏都比較遠，所以並沒有很大的發展與成長。現在在尼泊爾，頂果欽哲仁波切有一所大寺——雪謙寺（寧瑪六大寺之一）；而在印度邊境吐希仁波切亦有一所大寺；以及蔣波仁波切為敏卓林（寧瑪六大寺之一）蓋了一座寺院，雖然他是白玉傳承的仁波切，但他認為現在沒有仁波切能為敏卓林建一座寺院，所以就擔負起這個職責；在東印，敦珠法王也有一座寺院。只要有西藏人的地方，就有小型的寧瑪派寺院，但都不完全，只有每天的祈願唸誦而已。

在西方國家，有一些敦珠法王的中心，也有一些我的中心，以及一些其他仁波切所建的中心，但是現在發展的都不很完全。

小孩最初必須透過物質實例來教導，一些他們摸得到、看得見、聽得到的東西，才能聯結他們和非物質靈性（spirituality）。

當他們長大，會由於心靈的發展，使他們的心靈變得比一般人更精細，而且準備好學習更多精細的思想。

要點是能使小孩心靈非常平衡，非常穩定，而不匆忙。

為孩子播下一輩子心靈自我成長的種子

〔寧瑪派〕聽列諾布仁波切

Dungsé Thinley Norbu, གདུང་སྲས་ཕྲིན་ལས་ནོར་བུ། 1931-2011

聽列諾布仁波切是敦珠仁波切（Dudjom Rinpoche）的長子，宗薩欽哲仁波切（Dzongsar Khyentse Rinpoche）的父親。他被認證為赤美歐瑟（Tulku Trimé Özer）的轉世以及龍欽巴（Longchenpa）的化身。少時在西藏敏珠林寺（Mindroling Monastery）學習，之後長住美國紐約州。是一位大圓滿成就者，以及利美運動的支持者。

訪問日期：一九九二年三月十日

位於Nova Scotia（新斯科細亞省，位於加拿大東南）海邊Michael和Marlow Root的家中，笑聲正由起居室裡揚起。聽列諾布和朋友們正享受熱鬧的晚餐，談話甚廣，但無論任何話題，從電視、教養小孩到音樂，對聽列諾布而言，佛法總是主題。

與聽列諾布的談話經文字報導後，不但（僅）能使我們正確認識他的價值——他的熱情、先進和對佛法的奉行。聽列諾布是敦珠法王之子，也是西藏佛教寧瑪派的晚近首領之一。聽列諾布似乎就是思想的具體表現，他的每一思想、每一個細胞、每一根毛髮皆浸至於佛法。

聽列諾布曾著有《神舞》（Magic Dance）和《金色小鑰匙》（A Small Golden Key）和其他書籍。他現住在紐約市，並且答應The Son，於Nova Scotia私下拜訪時，能有一個難得的訪問。

問：我們知道您正在寫一本養育小孩的新書。能否請您談談？

答：我想西方人或許有興趣知道，如何給小孩養成良好的習慣，尤其和佛教相關的習慣。這本書為小孩而著，但父母應放棄自我意識並讀它，以便教導小孩。

書名是《新雨》（Fresh Rain）。這本書是關於如何使孩子產生良好的習慣，培育精神智識。當小孩開始看事物並開始說話時，你便能慢慢地在他們的心靈灑下良好習慣的種子，善用巧妙的方法及耐心，長期地啟發他們訓練自我和其一生的方法，從一開始便播下能使他們獲得心靈安定方法的種子是非常重要的。

一般人不能強迫自己超過能力範圍外來思考或行動，因為這樣會導致瘋狂，除非，他們有特別天賦的心靈，或有莊嚴的肉體化身。很小的小孩不能了解微妙、非物質精神概念。因此，他們必須在適當時機漸漸被授以靈性，用技巧的方法，透過五官可感知的物質世界客體，使他們了解物質能量的根源是非物質，而且精神現象的根基是不具實體的。

小孩最初必須透過物質實例來教導，一些他們摸得到、看得見、聽得到的東西，才能聯結他們和非物質靈性（spirituality），至少他們將不會心靈不穩定或精神異常。最終，若他們持續地訓練，必能獲得啟蒙之利。若他們有信心，能在這一生裡短暫的受益，那麼，當他們長大，會由於心靈的發展，使他們的心靈變得比一般人更精細，而且準備好學習更多精細的思想。當他們再長大一些，必須逐漸地教以更廣闊的見解。要點是能使小孩心靈非常平衡，非常穩定，而不匆忙。

現今，很多人由於習慣性的競爭而非常匆忙，但如此總是發生錯誤。若只為了權宜地使自我立即滿足而思考過去和未來，將會產生很多悲慘的結果，那樣做是不對的，因為他們要不斷地彌補錯誤。

當然，輪迴就如這個世界，它不是佛的淨土，總會有很多錯誤，但美國比任何國家犯更多的錯。我這麼說是出於善意而非惡意，只希望犯錯的人減少，並能治療他們精神的腐朽與惡臭（halitosia）。現世這麼多的科技和物質財富，卻使人們不再相信精神思想、不相信沉靜，他們是如此害怕拖延事情而總是要忙碌。

這個自動成長的種子極具神經質，易於產生挫敗和恐懼，因此，當他們年老，他們更不快樂且沮喪；他們再不能以相同方式和物質世界溝通，因為肉體的能量正在衰退，然而年輕時代的回想仍留在心中。要透過實體幫助他們，很困難，而且悲慘的境遇也不容易改變，因為缺少了精神發展。因此，為了隨時有純然的生活直到獲得啟蒙，精神發展不容忽視。

問：西藏和西方的文化差異相當大，要傳佛法給西方，是否非常地不容易？

答：如果西方人認為佛法很難傳給西方，那是因為他們認為，佛法對於他們是外國的東西，他們對佛性之花不具信心，而不能鼓勵他們的佛性開花。

如釋迦牟尼佛所說，要跟隨大乘教義的人，相信所有有情生命皆有佛性。佛性並非指動物本能。佛性意指開悟自性，也就是智慧泉源，或無法計量的悟道之智識。因此，那便是我們一切境遇根本的種子。經由佛性的種子和境遇因素提升的好機會，例如智慧的祖師，我們的佛性便能開花。

佛性不是外國的，佛性本身無分別，分別只源於缺乏對佛性的認知。所以，不僅西方人有一天能通曉佛法，其他有情生命體也能。為不使西方人認為佛法是外國的而對開啟佛性喪失信心，我們應試著讓它們開花如究竟密續的顯現之三因一般。

自然，在大乘和金剛乘教義中，佛陀從不因不同膚色和文化而有所分別。如果人不認為佛法是外國的而信仰它，那麼佛性就不是外國的。例如，提婆達多（Devadatta）在肉體上對佛陀並不陌生，他是佛陀的表兄弟，和佛陀來自同一種族、家庭和場所，但由於他的嫉妒，使他對佛陀的活動卻變得陌生。不能說某人是陌生、某人不是，這是各人的因緣。

但即使在歷史上，提婆達多普遍被認為是邪惡的，我自己卻不能決定是否真正如此。我不能說提婆達多必然是邪惡的，因為從我偉大老師的很多大乘教義裡所讀到和聽到，為了利益眾生，佛陀的活動可以是任何形式。而佛陀能散發任何東西，有時以看似負面的表徵，有時以正面的表徵，化身惡魔或化身成神，來利益眾生及證明，這樣習慣二元論的眾生才能被引導以了解正面和負面的不同處，也因此他們能分析壞和好。

一個大魔術師能在舞台上創造多樣令人咋舌的東西，但他本人不相信此真實性。觀眾相信這些是真的，因為人們慣於依戀真實。即使他們了解這不過是魔術表演，但如果魔術很嚇人，觀眾便害怕；若魔術很美，觀眾便生出欲望。由於向菩薩祈願者人數龐大，而且佛陀神蹟如此地令人敬畏，任何人或我，都無法闡述終極自然的實相，因為任何表相可以是佛陀散發的。許多才能低下的人誤解許多莊嚴眾生的歷史神蹟，包括誤解蓮花生大士的歷史，因為他們即使看任何觀點都抱有批評、負面的嚴重錯誤習慣。

問：請問您的父親敦珠法王是您的老師嗎？

答：所有內在的金剛乘修行者說「Pa Chhog Dorje Chang」——最崇高修道院長金剛持——如帝洛巴所說。所以，我想我可以稱我父親是我的最崇高的金剛持佛、偉大的修道院長。修道院長和偉大金剛持佛對我是不可分的。

問：您的書很流行而為很多西方佛弟子所追尋。然而您似乎沒有公開或尋找多數學生。為何不扮演更著名的公共角色？

答：大體上，如果我健康狀況良好，我很想將教義公諸於世，但是多年來由於健康不好，因此減少了很多活動。我不能只怪那一次的手術；根據因果所說，我想必然是因果報應的結果。然而，我很難判斷何種方式，能最真實有益的奉行佛法教義，不論公開或私下地。這須由老師的意圖和學生決定，並且只有眾生自己能知。

教義主要是試著以精神、非物質的方法幫助他人，試圖引導他們經由智慧之花、靈性來達成啟蒙，而不僅透過有形化和概念化。我不願說很多人認識我或沒人認識我，因為我不想證明任何東西。一般而言，很少、很多和極多，總在不同時間、不同地點及不同方向進行著。時間、地點和方向總是不斷改變。所以，最好的方法便是不以特殊方式回答任何問題。

問：因為健康問題，您第一次到西方是一九七六年，為何選擇留下來？

答：我並沒選擇，我想和其他眾生一樣是因緣吧！同樣，我也經常待在西方和其他國家。我不能說我將會繼續待在西方。因為第一，我無法得知因緣如何；而且第二，我氣息尚存，我能移動。

問：待在西方是好抑或壞的因緣？

答：若某人認為是壞因緣，為了使他們滿意，我會說是壞因緣；若某人認為是好因緣，為了使這些人滿意，我也會說是好因緣。我必須回答人們所認知的。我由衷相信的東西，其他人可能由於不同觀點而不信。我不能知道什麼是好或壞的因緣，或什麼是因、什麼是果，或許依佛陀教義我能知什麼是好、什麼是壞的因緣，但我無法知道自己的因緣，因為我沒有慧眼，我的心智模糊，而不能看透往世或來生。所以或許這是好因緣，或許是壞因緣。

空行母給你一張金黃色紙，
然後你會憶起伏藏的地點或開啟心中的意伏藏。
像看電影一樣，法本出現在面前的虛空中緩緩通過，
如果錯誤出現就會停住不動，直到更正為止。

完整地修學一套有傳承有系統的密法

〔寧瑪派〕塔千仁波切

བླ་མ་མཐར་ཕྱིན་རིན་པོ་ཆེ། 1935-

塔千仁波切的家族是安多區日蚌寺董珠傳承法座的持有者，他是第十代董珠崔津。離開西藏後旅居美國，在美國及尼泊爾創辦 Vajra Condition 教學中心，該中心在仁波切的指導下，有系統的傳授初階的前行法到無上部最高妥噶的修持。

訪問日期：一九八八年十一月十一日

＊董珠法座的持有者

問：了解各種傳統的佛教派別是否相當重要？

答：是的。西藏佛教源自印度，印度佛教出現了小乘、大乘、密乘三個系統，而絕大部分的密乘在西藏被保留下來。

問：請您先自我介紹。

答：好，好！我的名字是「喇嘛塔千」，是西藏東部的人，一個稱為「安多」的地方。我的父親被稱為「安多日蚌」，日蚌是一個極負盛名的地區，你知道瑜伽士嗎？

問：知道。

答：佛教分為兩大傳統，一種是出家的和尚，一種是瑜伽士——在家的修行者，藏語叫「嘎倡」。我的傳承屬於家族傳承，第一世先祖建立了日蚌寺，傳承便由此延續下來，就像薩迦達欽仁波切的父子傳承般，他們是「昆」家族。我們家就是像那樣，也像「敏林赤千」仁波切的「德答林巴」傳承一樣。我的傳承稱為「董居」，我的父子傳承便是從那而來，從我的父親的父親的父親……數下來，我是第十代，稱為「赤津」（「赤津」——藏語，是國王座椅的持有者，高級僧侶的寶座，也稱為崔津）。就像「薩迦赤津」那樣的傳承。然後我到「廣坡」，位於西藏南部，敦珠法王陛下的寺在那兒，我在他寺中長大。在一九六〇年我逃到印度。

問：一九六〇年？

答：是的，六〇年。大部分的藏人在一九五九年逃出；我比較慢出來，因為在一九五九年遇到一些障礙未能逃出，障礙是指險峻的地形、寬廣的河流等等。

問：我了解。

答：然後我在六〇年成功地逃到印度、尼泊爾，而後到美國，至今大約四年，並在美國建立一些中心。

問：您幾歲了？

答：五十三歲。現在我常常到處旅行，行至尼泊爾時，並且建立了一個中心由「喇嘛打都」主持，我剛才向你介紹的那一位，並得「蘇南桑波」仁波切照顧我的中心。

問：他是住持嗎？

答：他是一位非常好的喇嘛，並且是我的好友，但他是「洛奔」。

問：像「堪布」的職位？

答：是的，「洛奔」梵文是阿闍梨。蘇南桑波仁波切很有學養，畢業於印度「瓦拉那西」梵文大學，然後在「歐瑞沙」閉了三年關，是敦珠仁波切中心裡的一位完美的老師。

問：您的根本上師是敦珠仁波切？

答：是的。我八歲時就在他的寺中讀書，直到廿五歲才離開尼泊爾到印度，到印度後我也總是跟著他學習，他在「歐瑞沙」有一個中心，我住在那兒。

問：關於松解多傑仁波切呢？

答：松解多傑仁波切也是我的老師，我在十五歲時在西藏向他學習，後來到印度、尼泊爾時我也一直跟著他。

問：他幾歲了？

答：我算算看，嗯！七十六歲了。他的健康仍十分良好！我現在在加州、紐約、華盛頓州、夏威夷都有中心，我必須告訴你這些。

問：您想在台灣建立一個中心嗎？

答：是啊！我想未來會。最好有一個中心，然後我可以不斷地指導這裡的弟子；否則像現在，我自去年由格魯派丹吉仁波切邀請來台後，見到許多喇嘛來台灣，追隨他們的弟子們接受了好多灌頂，但你知道，灌頂後他們卻不能如實修持；不能像在學校般接受從頭到尾的完整修學，他們學到許許多多的片斷，但卻不能拼出一幅完整的圖畫。我的中心稱為「金剛緣」（Vajra Condition）——在尼泊爾和美國。如果完成初期教法，再教「摩訶瑜伽」、「阿努瑜伽」、「阿底瑜伽」。

問：這是整個無上部的密法？

答：對，從初學者的前行法開始到無上部最高「妥噶法」的修持，這整個過程我已開始教授了，可預見在十年後，許多西方人便有資格教授密法。在台灣如果也有中心的話，每年我會來台教授一段時間，留下家庭作業給學生們做，這對學密的人而言是較好的方式。現在，我在台灣只能停留很短的時間，又因我沒有專屬的中文翻譯員，在溝通上有很大的困難，這是一個問題。我真的很想能在此地成立中心，相信能真實利益對西藏佛法有興趣的人。

＊寧瑪派的遠傳承（Karma）與近傳承（Terma）

問：我知道在寧瑪派中，有四到六個支派。

答：是的！我們有不同的派，主要分卡瑪（Karma）、得瑪（Terma）兩派；「卡瑪」就是遠傳承，從釋迦牟尼佛到現在毫無間斷的傳承，由蓮花生大士至今不斷的傳承便稱為卡瑪；另外還有伏藏（巖藏），稱為「得瑪」。有許多種形式的伏藏被發現，是源自蓮花生大士當初預見未來的寧瑪法系中，遠傳承有時會斷掉；也就是有些師徒間的誓句不能純淨嚴守，所以傳承的加持力會因而中止。蓮花生大士看到了上述的一般情況，同時預見數百年後的人們的心理狀態，並看到適合那個時代人心的法——新伏藏，所以他便埋藏了許許多多的法本，並授記未來有那些人將發現這些法本，寧瑪派的許多支派也就因巖傳傳承的不同而產生。我的傳承稱為「敦珠新伏藏」。

問：跟敦珠仁波切同一傳承？

答：是的。這一世和上一世敦珠仁波切兩人發現了大量的伏藏，我追隨這個傳承，而「新伏藏」的意思就是新伏藏。同時我也擁有許多不同的傳承，因為我有十五個以上的上師，從他們那，我接受了灌頂、教授及口耳傳承，如「恰札．桑給多傑」仁波切和喇嘛「夏日阿多傑」仁波切等上師，他們屬於「龍欽寧體」傳承。恰札．桑給多傑是非常有名的仁波切，他的上師是堪布「那瓊」，他在西藏非常有名，他是「依利那梅沙」寺（位於印度）的建立者。

問：他還活著嗎？

答：不，「依利那梅沙」每一百年便有一個人轉世出現，就像「龍欽巴」和「吉米林巴」合稱龍欽寧體一樣。寧瑪派的支派中特殊傳承實在太多了。

＊空行母守護伏藏，具有特殊加持力

問：剛才您提到的「得瑪」可否進一步說明？

答：得瑪就是伏藏或伏藏發現者的意思。

問：這是一個很特殊的延續傳承方法？

答：是的，這種傳承很近，加持力很強，他們說空行母的話還是很熱，口傳加持還很新鮮，所以容易了解、圓滿修持，同時也特別有加持力量。

問：伏藏有許多種形式，像藏在地下或意識中的意伏藏等等？

答：是的，空行母會給你一張金黃色的紙，然後你會憶起伏藏地點或開啟心中的意巖，你可以得到許多的法寶。

問：您是說空行母會給您一張紙，開啟您的心中伏藏？

答：是的，有些伏藏是如此發現。

問：真的嗎？如何證明？

答：舉例來說，如果在印度的話，你可以寫下伏藏法本，而由七到十二位班智達檢核是否正確無誤，如果正確，那將成為有名的法本；如果有誤，便會導致不好的結果。像敦珠仁波切的巖傳法本，百分之百沒有錯誤，是每個人都可以相信的。任何有巖傳發現的人，他們傳下的法本跟一般人寫下的法本大不相同，敦珠仁波切也自寫法本，但跟他巖傳下的法本就不一樣，其中的不同點是我們可以看出來的。

問：可不可以舉些例子？

答：像「嘎旺」這位伏藏發現者，在不丹發現伏藏時，他坐在簾幕之後，他的秘書坐在外面，但他可以看到秘書寫的字；當秘書寫錯時他會知道，並告訴他寫錯了！發生了什麼事呢？原來他好像在看電影一樣，法本出現在他面前的虛空中緩緩通過，如果錯誤出現就會停住不動，直到更正為止，諸如此類，不可思議。通常這些人的學識並不好，是不會識字、不會寫字的文盲、教育程度很低；但他們傳出的伏藏法本卻很圓滿！上述那個人的名字叫「貝根林巴」，現在他還在不丹，他的秘書叫「蔣給祖古」，也是我的朋友，現在美國，這是他們的故事。

在台灣這裡也有類似的故事發生在丹吉仁波切身上，他有伏藏的！他的明妃，嗯？就是女朋友，他的伏藏有時候從他女朋友的身上出現，他的女朋友會寫下藏文法本，但她從來不會說寫藏文，了解嗎？這又是不同處。再舉龍欽巴的例子來說，他有七本法本是由阿松瑪、惹呼拉、多吉日巴三大護法，叫他把門窗關好，在房中閉關七天，不讓外人進入。只有龍欽巴一人在房中，然後三個護法在七天中寫下七本法本，諸如此類非常神奇的伏藏發現者實在很多。有時候，我在定中、夢中、半夢中會看到一些，但那不是真的伏藏。

問：您是說您在定中會發現一些法本？

答：看到一些，有時聽到一些特殊聲音。

問：空行母或護法說的嗎？

答：我看不到，但這不算伏藏。

問：您剛提到，如果師徒間不能遵守誓言、甚至產生爭鬥，加持就中止、傳承永遠無法恢復？

答：對！非常難圓滿。

問：為什麼其他像薩迦、噶舉、格魯派就沒有伏藏的發現呢？至少我從沒聽過。

答：是的，伏藏是由蓮師及他的廿五位心子所埋藏的。蓮師可以預見未來，所以不只是在西藏，在印度也埋了許多加持法本給未來的眾生，因此絕大部分都是寧瑪派蓮師的弟子、追隨者所發現，而且只有與蓮師有關連的人可以發現到，像他廿五位弟子所埋藏的，只有他們的化身回來時才能發現到，別人發現不到也取不到。

問：蓮師的廿五弟子也埋下伏藏嗎？

答：是的，太神奇了。

＊傳承中斷，加持力也化為烏有

問：如何知道傳承的加持是否中斷了？如果弟子仍對外宣稱他擁有這個傳承的話，別人怎知真偽？

答：不，只有一些傳承會斷，像師徒間曾有爭鬥、戰爭的事發生，或弟子可能有錯誤的見解時，才無法得到上師的加持力，這是指有時候，但機會並不多。並不是全部的傳承都會中斷，許多傳承都無間斷地延續下來，但有一些就……你知道人的根器、習性都不相同，傳承有時因此斷絕、加持也不再延續。

問：但我指的是，傳承的延續與否只有師徒間彼此知道，而別人如何判斷那一傳承是清淨無斷的延續？一般人又沒有神通力可知道？

答：對！是的！如果他們有「南嗒」，這是一種傳承祖師傳記；因為有時候傳承中斷，會直接由普賢王如來傳給金剛薩埵再傳噶拉多傑一樣，如果某一傳承斷了，金剛薩埵會直接去加持另一傳承，並帶走一切。

問：您是說護法嗎？

答：是，護法會小心看護的，如果這個傳承的延續發生了危險，護法會去加持另一個傳承以延續之，有許多這樣的故事。像以前在西藏的時候，某國王是「帝梅」的化身，你知道「帝梅」嗎？一種不好的神，會傷害人的神。

問：像魔鬼嗎？

答：是的！他殺了許多僧侶、修行者，幾乎使佛法在西藏失傳，在他滅佛之後，許多近傳承出現，從佛、蓮師直接傳下，所以延續傳承是沒問題的。

問：傳承在密法中十分重要？

答：非常重要，因為加持力需要兩種「悉地」——悉地就是加持力，這是梵文。兩種悉地就是共與不共加持，從共加持可得不共加持，有了不共加持就可成就佛果；而兩種加持力是隨傳承而來的，由上師傳予弟子加持力、智慧。像我前面說過的噶拉多傑，乃是由法身普賢王如來傳予報身的金剛薩埵，再傳化身的噶拉多傑，他是在八歲時得到金剛薩埵傳予其智慧、加持，很快地便完全了知很多事情，這種無二無別的智慧，便是心的傳承加持。加持就像這樣，在西藏，許多大圓滿的修持者得到上師的傳承加持後，完全改變了他們的生命，這就是傳承重要的緣故，因為加持力隨傳承而來所致——這是密乘的看法。

＊誰是你的根本上師

問：那麼如何得到傳承呢？

答：第一要接受灌頂、口耳傳承──有一些東西是法本上所絕對沒有的，僅能從上師的口中傳到弟子的耳中，以此方式得到，此外還有各種教授；而灌頂也分為許多層次，有一種特殊的灌頂叫「明覺力」。

問：這是究竟灌頂的名稱嗎？

答：是的。「日巴」是智慧的意思，「紮」是反射、反映之意。喇嘛有很多，但根本上師只有一位，稱為「紮哇」喇嘛，紮哇喇嘛就是：能將你所原有、而你不認得的佛性展現出來的人，點出你原有智慧的人。根本上師只有一位，但一般上師可有許多位。

問：雖然今日有許多密宗修行者，但什麼人才有資格當上師給予教授呢？

答：如果你有特殊感覺的話。《密勒日巴傳》你看過沒？當初他在一位寧瑪派上師處學法，但他對那上師的教授並沒有什麼感覺；而當上師叫他到「瑪爾巴」那邊學法的時候，他一聽到「瑪爾巴」的名字，耳朵就豎了起來，全身產生了特殊的覺受。如此，誰和你有法緣，你就會有特殊的覺受，所以你可以知道誰是你的上師。

上師在西藏稱為喇嘛。老師可分為許多層次，一種叫「堪布」，指學問很好的人，是受過正式教育的知識份子，他們由佛學院畢業，而從學生變成老師的身分，得到給予教授的資格。另一種叫「祖古」，就是轉世化身。還有一種叫「東朝」或「崔津」，就好像我是父子傳承、家族血緣的。

學習佛法，可由接受教育與體驗兩種方式：體驗性的，通常要長期閉關，可能三年、六年、十二年等等，然後有了特殊的證悟經驗和深厚的功力，便可成為喇嘛、上師；另外，第二種方式是覆講師，這只有教授沒有修行，比如說一位喇嘛授了一小時的課，然後由弟子回家複習，誰學得最好，便可當助教，日後便具有當老師的資格，你了解這種嗎？

問：那一種層次較高呢？

答：這很複雜，有些人雖身為「祖古」但從不修行，也不讀書，程度很差，能利益什麼？又能做什麼？但有一些人並沒有特別的封號，但他們卻是最優秀的老師，雖然教育程度不高，但修行很好。有一些喇嘛修行很好，但活動不多；有一些喇嘛修行很差，但活動、事業卻做得很大。（笑！）

「仁波切」只是尊稱的敬語罷了！跟稱呼人某先生是一樣的，你可以稱呼任何人仁波切。你可以說老師仁波切、堪布仁波切、祖古仁波切、喇嘛仁波切、格西仁波切……等等。（笑！）

此外，任何特殊的東西也可稱仁波切。像我們在西藏說「當坡」仁波切，是馬仁波切的意思，特殊的大象叫「郎坡」仁波切（大笑！）。仁波切只是尊稱和對特別東西的敬語罷了。

親見本尊是不容易的，這樣的人有，但極少數。親見本尊的人一定有空性的證量、見地，自己也有很大的改變，否則，即使你看到什麼佛菩薩又有何用？

上師與弟子都要視對方為佛

〔寧瑪派〕賈西祖古仁波切

རྒྱལ་སྲས་སྤྲུལ་སྐུ་རིན་པོ་ཆེ།

賈西祖古仁波切是烏金多傑仁波切寺中的堪布，也是一位轉世的仁波切。兩次訪談中，仁波切簡要且坦率無諱地回答了許多問題，包括打卦、黑教及雙身法。

訪問日期：一九八八年十一月三十日
一九八八年十二月十五日

（之一，一九八八年十一月三十日）

問：您對台灣佛教徒有何看法。

答：時間是他們很大的問題，他們大都沒有時間修法；然而，他們對佛法都有信心，都想成正等正覺，即使時間很短、很少。當然在受灌頂後，有空時能唸一些咒也是很好的；如果他們沒有遇到這些來台的喇嘛，也許連這樣的機會也沒有。

我們西藏喇嘛的確是需要錢，如果說是很富有的人供養，我一定收，因為對他們來說，他們有能力負擔，而我們也真的很需要；但像你這樣的學生，我知道和我們一樣困難，所以我會拒絕其供養。

＊西藏的占卜與選擇本尊

問：能否請您談談有關西藏的占卜？

答：你會中國的占卜嗎？（不會）。西藏的八卦和占卜是來自中國的；用念珠或骰子來祈請本尊指示，像這樣（仁波切拿一串念珠示範），求得一個數字後再拿書看吉凶；另外像這一本是從時輪金剛密續來的，裡面包括什麼時候下雨、氣候，有什麼鳥在何時飛來、收成……等，你看像今年是龍年，這裡畫了一隻龍，這邊的牛代表這一年的事情，牛角是白色的，嘴張開、尾巴向前，這些都有代表意義的。這邊說今年冬天有暴風雪、植物長得不錯、會死很多人……牛前面的人回頭看，是一個老人，代表今年對老人較好運。書中內容不只是剛提到的農業方面而已，像這就提到月亮、天文的變化情形……對這一類的東西我知道的不是很多。

問：您談談如何選擇本尊？

答：本尊不用打卦選擇，因為一切諸佛，精髓、本質都是一樣的，為了幫助愚痴的人，就現文殊菩薩的智慧；為了救苦難的眾生，就現觀世音菩薩；為了去除眾生的恐懼，就現金剛手菩薩……等，不必去分別。可是如果一定要選一個跟你有宿世因緣的本尊的話也可以，你自己喜歡哪一個就哪一個，也可以選好多的！但通常修一個就可代表、通達全部了。

問：（黑教）苯波是佛教嗎？

答：我曾經和苯波的大修行者談過、討論過，也看過一些他們的書，在今天，他們在高層次的禪定修法和哲學內容上，和佛教並沒有太大不同，這是我自己和他們接觸的結論，雖然有些早期的書說他們殺生、放咒之類，但今天他們的觀點和佛法沒有太大不同。不過在內容上雖如此，他們卻不是佛教徒，因為他們不承認是釋迦牟尼佛的弟子，他們是信仰一尊名叫「敦巴辛饒」的佛，在他們的書上說，這位佛是在八千或幾萬年前我忘了，於印度、巴基斯坦和西藏三個地方的交會點出世的，他結婚後有幾個小孩，在他的教導下，幾個小孩分別使醫藥、穀物……之類的東西發達起來，他死前預言，未來人命平均一百歲時，會有一位他的化身，名釋迦牟尼出世……在他們的經典中是這樣說的，所以他們不是佛陀的弟子，他們信別的佛。

（之二，一九八八年十二月十五日）

＊上師沒證悟，弟子也可能會有成就

問：據我們所知，寺主或轉世是住在自己的「倉」中，而不是跟大家一起住在寺院中，他們自己的財產和寺院的財產也是分開的？有一些仁波切很有錢，依佛制，出家人不是不能擁有私有財產嗎？

答：是的，寺主或轉世是住在自己的房子裡，他們的財產也不等於是寺產，但他們自己有時會拿一些來支付寺院的開銷，如果有一些人沒有這樣做就不大好。通常寺中和尚的訓練是在小乘的基礎上，但修大乘重要的是心，而非外相，如果是接受小乘律儀訓練的話，就必定要住在寺中。

問：仁波切或寺主的權力是不是常受制於他的管家。

答：有時候仁波切想要做這個、那個，但管家不同意就沒辦法，但這是因人而異。

問：在尼泊爾、印度的西藏寺院中其實灌頂很少，密宗的傳法也不多？僧眾、女尼學法呢？

答：是的，灌頂傳法其實很少；但人們仍盡力學習，因外在的環境改變太大，以前環境靜到人聲都聽不到，但今天汽車聲比人聲大。

問：全部傳承的持有者是否很少？

答：相當少，因為那必須相當聰明；傳統上我們西藏僧侶是修密宗，但只是其中的一部分，我們只持有一部分傳承，像敦珠、頂果欽哲仁波切他們才是全部傳承的持有者，他們是大象，我只是老鼠，甚至比老鼠小。傳承分為家族血緣和教法兩種，在教法，上任何來學習的人，都可說是這個法的持有者；而家族傳承就像敦珠法王傳給他兒子，薩迦法王傳給他的兒子或姪子，即使圓滿各法前上師已圓寂，也可以說是傳承部分法要的持有者。但通常上師必須授權，而自己也要有成就才能傳法，但我們如何知道人家有沒有成就，這是祕密的、無法知道的。

問：上師和弟子的關係如何？

答：我可看到你的外表帥不帥，但不能看到你的內心，而上師相信弟子是佛（真的嗎？不是弟子視上師為佛嗎？），弟子和上師雙方面都要視對方為佛，一切思惟都要清淨。我知道你是人，但你是自性佛，有些染污罷了，只要清洗一下就好，所以我相信你已是佛；上師、轉世也是人啊！但我們相信他們已成佛，這樣想比較好。

問：在某個定義下，密法是證量的傳承，也就是上師將證悟經驗直接傳予弟子，但是否可能歷代傳承祖師並沒有得到證量，而只是表面儀式的傳承延續？

答：一定是兩種情況都有的，如果一個傳承僅剩教法的傳遞而沒有成就、證量的話，一些大善報的人，如文殊菩薩的化身，只要聽聞到教法，仍然會有證悟經驗，即使一些轉世的上師沒有證悟經驗，弟子仍可能成就的；這弟子好像放大鏡，放在太陽下，焦點集中便可引火一般，所以不一定要靠證量傳承。而佛菩薩是很仁慈的，這也是我們所難以了解的。

問：密法不是強調即身成佛嗎？三昧耶戒時為何發誓願要生生世世追隨上師本尊？

答：你這個問題很好。這是指我們萬一沒有即身成就時。

問：密法為何危險？

答：就像這杯子，如果質料好、畫工細、好看、乾淨就可賣好價錢，但摔一次就破了；而木質的杯子質料、畫工都不是很好，價錢便宜，摔了很多次都可能還可以用。經典中則以蛇在竹上，不上則下做喻。

問：西藏寺院中的僧侶要自己準備糧食？

答：有一些寺院有供應伙食。但大部分的寺都需要建築、塑佛像、莊嚴佛堂，而開銷很大，無法供應伙食。但一些古老的、經濟基礎好的寺院就有供應，像敏珠林寺就有。如果有的話，通常是供應青粿所做成的糌粑。

問：你認為寺院的外表重要，還是改善僧侶的生活重要？

答：都重要，如果寺院蓋得莊嚴、花許多錢在這上面，信眾會認為很好、會很願意來親近佛法，但必須強調，這是在好的發心之下，如果只是為了讓人們遠遠看到時，讚美它漂亮以求大大出名，這樣就不好。而給僧侶錢財也是好的，但我認為佛法知識的給予更重要，如果只給伙食，跟養動物有什麼不同，而一些懶惰僧侶吃飽就睡，不是更不好？我覺得寺院的錢花在建築上或僧侶身上都是好的。

問：請問你身為一位轉世，是否感到有些仁波切生活得太豪華舒適了？

答：是的，是的，也許你是對的，但佛陀教了八萬四千種方法來對治眾生的種種煩惱，所以我們不知道如何是好、如何是壞。

問：大仁波切們都忙得不得了，你身為一個轉世，是否較有機會親近學習？

答：他們都太忙了，我記得上次說過，我主要是從寺院中學習的，人們說我學了很多，但我自己並不滿意，我想我才剛剛到小學程度，還沒到高中。西藏人在以前有很多的時間學習，七年、八年、十五年、二十年、三十年、四十年等，喇嘛、上師在哪就跟到哪，所以很多人修得好，追隨喇嘛、上師的宗教傳統是很重要的。

但是如果你真的能做到的話，即使是上師傳你一個四句偈也就夠了，否則即使跟了二十年，一樣什麼也不會，像蓮花生大士遇到他的上師，只聽聞了四句偈子就成就了，所以我們不能執著於此。但通常來說，跟在上師身邊是非常重要的；然而現在時間太短促，上師們沒時間教，我們也無法跟著他們在全世界跑。我們只能學到精髓，其他要靠自己修了。

＊親見本尊的意義

問：那麼在這時代，是否可能像很多古代成就者，直接由金剛持或文殊菩薩那學法？

答：僅有極少數極有修行證悟的人可能，我自己沒遇過這樣的人，但其他喇嘛遇到過很多外國人說他們面見什麼佛菩薩，其中大部分是假的。要親見本尊是不容易的，有時候會有這樣的人，但極少數，如果有人看到過，一定會有空性的見地，自己也有大大地改變，否則即使你看到什麼佛菩薩又有何用？

問：請問你對假上師的看法。

答：假的上師不只現在有，過去也有，我敢說未來也有。但蓮師說，在釋迦牟尼佛所傳佛法衰落時候，密法會大興，我想這也許是真的，現在人人都喜歡密宗。

問：請問佛教密宗和印度教密宗之不同。

答：一樣，只是一些態度上不同，我想佛陀將不共一切宗教的佛法見地，配合、採用了許多方法。佛教密宗和印度教密宗有些相同，因為佛陀採用他們的一部分。印度教密宗認為佛法密宗是源自他們，就是因為上述原因，這是我自己的看法。

問：出家人修雙身法是用觀想嗎？

答：是的，因為戒律不允許出家人用實體明妃，只能觀想。但如果透過觀想，你得到力量了，有高層次的證悟，便可使用實體明妃，只要如此做不傷害自己便可；如果一開始就用，那麼戒律便毀壞了。

問：有一些謠言對某些上師很不利，我們該如何是好？

答：我們又不是CIA（美國中央情報局），去查這、查那，人家也不會付錢或給你薪水的，講這些事只會使別人師徒間失去信心。

問：若有人受某一個本尊的灌頂，但沒有法本，上師也沒教怎麼修，該如何呢？

答：法本只是要你觀想的步驟，你如果會每個本尊的大致共同觀想步驟，當然就可以照修，如果沒有成就，至少也不會傷害自己，等有法本時，再照法本上修。每個法本彼此會有一點不同，雖然是不同傳承也沒關係。

問：我可以將你這袋橘子觀想供養三寶嗎？

答：可以啊！只要你觀想後，我的橘子或別人的東西不要少了就好，（也許是天神吃掉了。笑！）你心力上的觀想供養，是可以用在不是自己的東西上。

問：仁波切的身體不大好？何不自己修法克服？

答：如果是閉關的話，全心投注在修法上是可以的，但是一般的寺院生活十分繁忙，還是必須服藥才成。

上師與弟子的宿緣有其重要性，但也別忘了自己該做的部分，
在值遇宿緣上師之前，仍需精進修持。
事實上，你並不知道哪位上師和自己較有緣，
因此對所有領受灌頂的傳法上師，都要具有視其如本尊般的信心。

四部行持知見與竅訣的第一手訪談錄

〔寧瑪派〕白玉寺覺嵋桑度堪布

Khenpo Gyurme Samdrub，མཁན་པོ་འགྱུར་མེད་བསམ་གྲུབ། 1954?-2013?

訪問日期：一九八八年十一月十六日

＊「傑囊」並非正式灌頂

問：請問堪布「傑囊」之意？

答：「傑囊」是一種允許，允許弟子跟隨上師做某些事情的儀式，它的層次較灌頂為低。灌頂賦予你對該法一切修持的權利，而「傑囊」僅允許做仁波切所做之事，並未得全部加持及允許授權，也就是說並未接受完整之灌頂但日後可參加共修；它和灌頂的儀式亦有些不同，所以一個人必須接受、得到的是灌頂，而非「傑囊」。

問：那麼很多台灣弟子搞錯了嗎？

答：事實上，可能有些仁波切不認為適合給予灌頂，故給予「傑囊」，而這兒的人又沒有別的名詞可用，所以都一起稱為「灌頂」。

問：古代的灌頂很多只用食子，但今日則用寶瓶，是否有些差別？

答：我想都有，使用多瑪（食子）或「狄恰兒」（寶瓶）是有不同意義。前者象徵特殊本尊之壇城；後者亦同，但內盛水，代表本淨甘露。

我想前者若稱為「多瑪汪」（食子灌頂）並不合適，因為所用的東西雖是食子，但灌頂儀式中並不如此稱呼，而用以表示特殊本尊之壇城。

問：請解釋「曼達拉」的意義？

答：壇城是本尊住的地方，也就是淨土。在那兒如同城堡一般，本尊就是國王，所有眷屬圍繞著他，護法像人民一樣，並有諸佛、菩薩隨侍。

問：那麼為何有些是用砂做的、有些用布繪畫，而前面又說食子也可代表壇城？

答：砂、布這些質料都是為了讓你能像看畫般地看到壇城，由於是建立起來的，我們可稱為站立壇，或曼達盤；在西藏或印度佛寺中，也可看到一些不太大，但是建立如塔般的立體壇城。

問：它們所不一樣在何處？今日的灌頂大都只用相片而已。

答：大灌頂必須用砂或布來畫出壇城，但一般的灌頂，他們通常不會如此做，我認為沒什麼差別，這可由傳法仁波切決定。如果你認為食子即本尊壇城，或即使仁波切僅用手加持亦可。

問：《密勒日巴傳》中，他用腳替岡波巴灌頂？

答：是的，有許多這一類的故事，這僅是不同方法的灌頂。因此我們無法限制說，灌頂一定是怎麼樣的，但我們仍需遵循某些儀式進行，如此會使人們覺得這就是灌頂了；如果用腳，那不是所有人都能接受的。

問：灌頂之意義為何？

答：事實上，灌頂是介紹特定的本尊給我們，通常我們是看照片，就知道他的模樣。

問：有些灌頂可得成就，而有些灌頂僅是種下種子嗎？

答：是的。當你參加灌頂後，便被授權修法，雖然你被介紹給本尊認識，但其實你可能只是看到本尊的照片，若你持續修法，便會轉化障礙，而有所了悟。在灌頂時所得到的加持，也許可使我們圓滿修行；但對一般人而言，若受灌頂後未能精進修持，便僅是貯藏種子罷了，在未來，或許可藉此善種投生善道，得以再修持。若你能一再接受灌頂，守其三昧耶戒，那也很好，如此將使你更加純淨。

但基本上一種法只要受灌一次即可，不過從同一上師處，同一本尊多受灌幾次也無妨，如果你需要的話。

問：但像毘瓦巴、那洛巴等人在受灌時即已成就悉地，並未假修持？

答：那是由於他們對上師本尊的信心，使他們有如此的好機會；但我們並不是每次都能得到最好的機會。

＊上師的特質

問：請您談談金剛上師。

答：我們常說，金剛上師所應具有的一般特質，其中最重要的是：擁有無間斷傳承的教法、具慈悲心且自己修持得相當好。但只有具足這些條件的上師仍不夠，我們自己弟子方面的信心也相當重要。佛的堂弟提婆達多隨侍世尊廿一年，卻未具任何信心，終於墮入地獄。

問：遇到自己具有宿世因緣的上師困難嗎？

答：事實上，一般上師和與自己具有法緣者，如密勒日巴和瑪爾巴，及他先前所遇的大圓滿的持有者間的法緣便不同；當然宿緣有其重要性，但也別忘了自己該做的部分。在自己遇到此類上師前，仍需精進修持；事實上，你並不知道哪位上師和自己較有緣，因此對所有領受灌頂的傳法上師，都要具有視其如本尊般的信心。

問：和上師的因緣可經占卜、入定得知？

答：這是可能的。但我們並不認為那是占卜，一些有能洞見過去、未來的喇嘛，是可以告訴我們和上師的因緣如何，並忠告我們。若你修行得好，本尊也可告訴你應至何處求何師學法，如阿底峽即因度母之勸告而至西藏弘法，這類故事極多，但要經多年修持，而非初學者即可得。

問：《佛遺教經》中不是禁止僧人卜筮、夜觀星相嗎？

答：在沙彌三十五戒、比丘兩百五十戒中並沒有這樣說；或許這是語言的關係，中國、西藏等大乘國家認為佛陀使用梵文，但泰國、緬甸、斯里蘭卡等國家卻認為佛陀使用的是巴利文。佛陀所訂戒律中，其中一條戒律提及出家人必須修面，但有些小乘國家出家人修面卻連眉毛也修了；而中國、西藏等大乘國家出家人的修面，則限於嘴部鬍鬚而已。或許這是傳譯的問題，很難講的。

＊禪定之義

問：請您談談禪定？

答：禪定在藏文中我們稱為「息涅」——止。開始是控制自心，嘗試於制心一處，若成功地長時間做到摒除雜念；接著要做的是「哈奉」，意為真正的修持，如觀想本尊、空性等。為了在灌頂儀軌的修持上圓滿，「息涅」是最基本的，因此我認為在持咒、觀想等等的禪修中，「止」的功夫相當重要；但在灌頂的過程中，聽從上師的指示才是最重要的，而非禪定。

問：請略述傳承？

答：以巖傳法而言，取掘出來的人即為傳承的持有者，由他開始這個傳承，而不必回溯至釋迦牟尼佛或蓮花生大士；但在西藏，大部分的巖傳都是由蓮師所傳下，他將一些他在世時不甚需要的教法埋藏在水中、空中、岩石中，等待將來有緣者取出。有緣者會看到某些跡象而取掘出，憶及往昔隨侍蓮師為弟子的情形，而憶出法要，並傳授這些法，這是一種傳承的特殊方式。

許多噶舉派上師認同這種方法，並持有或追隨許多巖傳法要，但格魯派則不大認同，間或有些批評。

＊觀想本尊的訣竅

問：請談談觀想？

答：觀想意為觀想本尊栩栩如生，而非只是木上雕刻、繪畫，無論是自生或對生本尊。若你觀空性而有圓滿了悟，便沒有障礙可阻止你趨入實相，例如蓮師廿五大弟子中，有人可入水或入於岩石之中，即因為對空性之了悟所致（的關係）。

在觀想本尊中，若得見本尊如我們一般人互見般，即成功，然而別人卻不一定得見，如無著之親見彌勒菩薩，因而多年精修禪觀，終於得見時，旁人一樣無法看見其所見為何。

至於有些和仁波切有緣的人，則可見到上師即為本尊的實相。

問：口傳和灌頂的必要性有何差別？

答：對持咒而言，口傳即可；但對真正修持而言，則要接受灌頂，因加持力比較大。

問：觀想本尊係刹那觀起，抑或逐步觀成？

答：依個人而定。若初學者未能一次全部觀出，則要頭、手、坐姿、衣飾等逐步進行觀想。

問：傳經和口傳之差異何在？

答：那都叫「龍」，在口傳中並不需了解其意義，你可以寫寫東西，或想想別的，但一定要聽到聲音，那就足夠了，聽到聲音便得到口傳，便可持誦。

但是傳甘珠兩大藏經的傳經，光是仁波切整天唸，也要三四個月；因此，如果弟子也沒有時間整天聽的話，便可直接向仁波切請傳他想學習的那一部分。

但想翻閱密續，則至少要先接受口傳，但現在的人……

問：種子字觀想以中文進行可否？

答：我想可以吧！在西藏我們也不是用梵文觀想的，但咒音必須是一樣的。

問：簡軌和廣軌之不同何在？

答：這是時間的關係，而在誦詞上有所增減，當然能持誦廣軌是最好。

問：請教西藏各派主要教育經典及師資教育情形。

答：在格魯派中有所謂《阿毘達磨俱舍論》、《入中論》、《戒律本論》、《現觀莊嚴論》、《釋量論》等五部大論為主要教材。薩迦派則有十八部偉大著名的論典為主要教材，但內容亦不外上述五種。寧瑪派則有十三部大論：一、《俱舍論》。二、《因明論》。三、《一切有部律》。四、《攝大乘論》。五、《辨中邊論》。六、《辨法法性論》。七、《現觀莊嚴論》。八、《入中論》。九、《入菩薩行論》。十、《根本智論》。十一、《迴諍論》。十二《無常觀論》。十三、《解脫道論》，噶舉大多隨同寧瑪傳統。

但各派對各論學習之偏重以及修業年限，則各有不同。在西藏沒有筆試，一切全靠口頭辯論，不限年資，凡圓滿學習者即可賦予頭銜，成為寺院中的老師。有時候喇嘛們讀經讀到六十歲以上，都還覺得自己學問不夠圓滿呢！有時常一面教學生，一面再向自己的老師學習。

問：據說寧瑪派和噶舉派是較重實修的，是嗎？

答：是，在四派中，寧瑪、噶舉係以優良的修行者而著名，薩迦、格魯則較以學習經論為重。學習經論後，重在實修，否則只是一堆知識罷了。

問：四大派間相互承認別派所頒予的頭銜嗎？

答：有一些派只以教授本派經典為重，但薩迦、寧瑪派的教育，則採各派經典相互比較，使同學了解其他派的說法，如此便無需到其他派中去重新學習。事實上人們也不真的那樣做，而是採比較學習的方法，我們甚至和印度教等非佛教哲學進行比較。

像格西（佛學博士）之學位係源自薩迦派傳統，但今日卻在格魯派中見稱，這個頭銜是在通過辯論，並背誦許多經典後所獲得，其中又分許多等級。但我們西藏人並不太注重這些頭銜，人們知道誰學得怎樣，並不在乎有無得到學位。

但現代社會中，學位就重要了，沒有它你就找不到工作；然而在現代西藏寺院中，只要你的學習十分著稱、良好，很多地方都會邀請你去講學、教授。事實上，西藏僧侶教育中，沒有受聘雇、付薪老師之制度存在，因此學位並不重要。但今日我們在印度，就有需要遵從印度的教育法規、制度。

＊印度之著名西藏佛教學院

問：請您概略介紹當今印度著名的西藏佛教學院？

答：瓦拉那西大學是所四派高等佛學教育的中心；其他像寧瑪派白玉傳承中，貝諾仁波切的寺院，以及蔣波羅僧仁波切在德拉東的寺中，都設有佛學中心，通常只要有寺院，就會有學習佛法的機構。此外，像薩迦佛學院、宗薩佛學院，以及格魯、噶舉諸派大寺中都有提供研究、修持佛法的地方。一所寺院通常要有閉關中心，供一般僧眾學習，以及佛學研究中心三個，才稱為一個完全的寺院。

問：像您並非身為「祖古」，您的學習過程和轉世者有何不同呢？

答：不論是因修持或學問極好，而被尋認出的轉世者，他們通常有較好的受教育和修行的機會、有個別的老師；然而在一般僧侶方面，雖然他們並未被稱為仁波切，也有許多有學問、修持好的人。

事實上，從佛教的觀點來看，成為一位仁波切並不是一定必要的，珍貴人身即是仁波切——珍寶，好好學習、修持，那麼一切就和仁波切一樣；相對地，一位仁波切若未能好好學習、修持，做一位仁波切該做的，便無法利眾。但這有時是因一些障礙的發生，而使他無法具有力量、機緣，在當時利益眾生，並非因此他就不是那位轉世。因此我們一定要和老師們有好的關係，如此他便能幫助我們。

問：西藏人民是否對仁波切更具有信心呢？

答：是的，事實上大部分仁波切也值得我們如此，因為他們並非初學者，早已長期在前世之中學習、修持，和一般人比起來，具有更多特質，自然地成為眾人精神上的依靠。

問：能否介紹有關家族血緣傳承的轉世者？

答：實際上我們並不稱他們為「祖古」，而叫「世襲傳承」（Lineage of Hereditary），由父子代代相承繼；像薩迦崔津即是，他的傳承是非常偉大的；另外寧瑪派的敏林崔津——敏珠林寺寺主也是，我們說他是「仲」的傳承持有者，那也是家族血緣傳承。

他們具有轉生在這些有許多偉大修行人、學者家族中的幸運機緣。

＊寧瑪支派概況

問：今日的寧瑪派共存在有多少所寺的支派？

答：現在在印度，幾乎原來西藏寧瑪派各大寺傳承皆繼續存在，如貝諾仁波切領導下的白玉寺傳承，在南印度有兩座寺院，現在台灣也有一座；敏珠林寺——敏林崔津領導下的傳承；噶陀溫朱領導下的噶陀寺傳承——雖然他的轉世目前還十分年輕，而且本人是在敏珠林寺敏林崔津陛下那裡受教育，尚未建立其根本道場；此外，便是現在年紀相當大的達敏札珠仁波切領導下的多傑札寺傳承，他在拉達克、南印度、辛拉等地各有一處寺院；另外，是在西藏東部的佐欽寺和西欽寺，佐欽寺的佐欽仁波切在南印度有自己的寺院，西欽寺則有西欽仁波切的侄子與頂果欽哲仁波切陛下在尼泊爾所建的寺院，現在他們在一起。

至於恰卓松解多傑仁波切則修習「寧體」，屬噶陀寺的寧瑪傳承；另外，還有一位在西藏東部相當有名的多珠欽仁波切在錫金有一座自己的寺，他是現在「寧體」傳承的傳承持有者；另有一位在家的康楚仁波切，在噶陀寺中工作，或許也屬噶陀傳承。

「寧體」、「南卻」這一類教法在佐欽、西欽等寺中皆有，並不單屬六大寺哪一寺所有，但多珠欽仁波切是最主要的傳承持有者。

＊伏藏中之南藏與北藏

問：據我所知，西藏史上的伏藏法有「南藏」、「北藏」之分？

答：是的。「南藏」的當今傳承持有者是前面提過的噶陀寺噶陀溫朱仁波切，南藏稱為「索迭」；「北藏」被稱為「強迭」，當今傳承持有者是達敏札珠仁波切。

問：現在寧瑪派中追隨南藏或北藏之傳承者為多？

答：我們並不如此區分，而是所有六大寺傳承都追隨兩種法，它們是修習階段的不同。

問：是否有些寧瑪、噶舉的僧侶像傳說中的結了婚呢？

答：我想這是人們誤解了。四派之比丘戒律都相同，四派都有出家人的傳承，出家人不可結婚，想結婚的可以還願，像泰國佛教中出家幾個月再還俗一樣。雖然我們西藏沒有泰國這種習俗，但出家還願後再結婚是可以的，戒律上允許的；如果不還願、還俗，那麼這個人就破了比丘戒，這樣的事情所有佛教國家都有，也並非西藏特別獨有的事。

西藏的在家居士通常著白衣，但著紅袍亦可，惟形式、式樣與出家人不同。

外人不了解的大概是薩迦派、寧瑪派的領導人是在家而非出家人，居士當然可以結婚。小乘、大乘、金剛乘、中國、西藏的和尚都一樣，出家就不能結婚，結婚就破戒。

問：那麼以實體明妃來修持雙運法呢？

答：這不大一樣，這是一種極高的修持，我們並不說他是娶了太太或結了婚，這很難解釋，由於其實相我們並不了解，因此不能說這樣是壞的，由外在形式很難真正去判斷出事實。

問：在戒律中，出家比丘的地位不是高於在家居士嗎？為何薩迦、寧瑪派的領袖是居士呢？

答：我們在西藏有兩種傳統，一種是在家眾，一是出家眾。而這些領袖並非一般的在家居士，他們比出家人還重要些，他們持有五戒、菩薩戒、金剛乘戒，因為持有這三種戒律，他們並非普通的居士；而你前面所說的係指一般居士和一般比丘相較下，則比丘較為殊勝。不過出家人戒律傳承仍需由出家人傳下；在家領袖只能傳菩薩戒，以及金剛乘戒，至於出家人的戒律他們並不曉得，也不能予人剃度。

問：您對現今中國大陸的西藏佛法情形了解嗎？

答：我從西藏出來後，就沒回去過，我知道的和你一樣多，都是從書報上、圖片上看來的。

＊寧瑪派的修持法

問：請談談寧瑪巴的修持法。

答：人們談到寧瑪派，就會談到「大圓滿」。修持大圓滿法前，你必須修好四加行，然後修「紮籠」即氣功之類的身體運動，藏文中「紮」意為脈、「籠」意為氣，接著才接受大圓滿法。了解了大圓滿的意義之後，必須在上師的指導下修持，而不可自己看書盲修瞎練，得一步步地依指導而上。修法和教法指導是同時進行的，這是指實修方面；在此之前，可以自己多讀些相關書籍。

最初的見地是讀書即可建立的，但更進一步的了悟見地則有待修持；不同階段的修習，見地是不同的，然而最初的正見是必須建立的。

問：請簡單解釋一般儀軌結構中，各觀想次第的意義？

答：觀空是去除執著，包括對佛、本尊的法執在內，空中現起的蓮花代表清淨，其上的月輪、日輪代表宇宙最好的東西，日輪以熱力摧毀一切壞的東西 ，月輪代表清涼的心降伏瞋恨心……

本尊是空性的緣起轉化。

問：欲接受灌頂之弟子應具備那些資格？

答：堅固的信心與慈悲心，強烈的求法動機及對世俗的了解；其中信心最為重要。有時弟子難以接受一些高深的教法，因為超出其所能想像之外，如空性常被落入空無所有一切皆空、而努力何益的錯誤見解中。當然，上師、弟子間最好要先互相觀察，但今日已不易做到。

問：無上瑜伽部四灌是一次給予或逐步給予呢？

答：都可以。

問：是否受過無上瑜伽部大灌頂，即可自在涉獵儀軌？

答：儀軌有許多種。例如每一本尊都有許多不同的儀軌修法，若你受過這本尊的灌頂，便可以看；得到灌頂後儀軌的口傳，便得以閱讀。依之修持十分重要。

＊火供等供養方式

問：請談談火供、水供、風供、煙供等種種供養方式？

答：一般而言，供養可積聚功德，供養與布施是一致的；我們對本尊、仁波切、上師等在上者說供養，對窮人等則說施捨、布施。

你不能只因努力工作而致富，還必須供養。

水供者，我們對水的執著不多，因為水似乎是隨處可取的，用水供養，我們不會有吝嗇之心，它是無執的純淨供養；若供養時對供品、供者、受供者有所執著，即非菩薩行；而空性中之供養，又較慈悲心之供施為佳。水供並非僅僅針對財神舉行，對任何本尊都可做。

煙供，對佛菩薩亦可做此供；另有味供（Smelling Offering）它是供香的一種，可供與一些僅有嗅覺眾生，令得滿足。火供和上述亦同，又分息、增、懷、誅四種，其中誅法的對象為敗壞正法者，乃因慈悲心勿使再造惡業而誅殺之，從實相上說來並非世俗之殺，而是令其自在解脫，超渡他到淨土去；懷法則可提升地位、權勢、榮耀等等。

問：何時需修火供？

答：在一個月、兩個月、三個月、一年的閉關修法，結束時修火供；味供與火供的時間通常在傍晚太陽下山後，那時一些眾生才能出來接受。水供隨時可供。火供、煙供中，供香可在清晨於高山上做，以求財富、健康、成功等任何世俗東西。

＊舍利子、甘露丸、裝藏及茹素

問：如何分辨真假舍利子？

答：舍利子有兩種檢辨真偽的辦法，如果你有很好的佛像，真的舍利子放在附近時會附著其上，如磁鐵互吸般，這表示舍利子是清淨的；另一種方法是用兩顆雞蛋，把舍利子放在中間試驗，假的舍利子會把蛋弄破，真的舍利子則會自身破裂而無損於蛋，這是悲心的關係。將舍利子放在佛堂中禮拜，等同禮拜佛陀。

問：請談談甘露丸？

答：甘露丸的材料是藥材，加上佛陀舍利、大成就者的聖物等等，然後修法一週或一個月，依何本尊修法而定；有時可在藥丸中出現本尊形象或流出甘露、天空出現虹光等等。這些藥丸之功用在加持及治病。

問：請談談聖地？

答：聖地是一些大成就者曾修持過的地方，行者若能到這些地方修行，進步會快一些；至於佛陀則有四個或八個主要聖地，如佛誕生地、成正覺處、初轉法輪處、涅槃處，有一些經典中談到，對佛陀有信心的弟子，應設法造訪這些聖地。

問：佛像為何必須裝臟？

答：裝入咒輪、聖物於佛像；如以釋迦牟尼心咒，五方佛心咒裝臟釋迦牟尼佛像中，再裝經咒於其頭部、頸部、身中、蓮花等部位，每尊佛像、每個部位所裝皆不同。若佛像未曾裝臟，但內部有裝臟空間，則不得令其空置；若該佛像原來未留有裝藏空間則無妨，如石材之佛像即是。至於圖片、唐卡則於背後書寫嗡、啊、吽三字即可，自己寫也可以，由仁波切來寫則較具加持力。

老舊佛像若已曾裝臟，就不要再破壞、打開重裝。

問：請你談談素食？

答：在事部密法中必須素食，蔣揚欽哲仁波切曾用印度四層種姓階級來和四部密法配合解釋，事部配合最高種姓之剎帝利（貴族）而設，他們不得食肉、喝酒……有許多禁忌要遵從，如觀音法、綠度母法都屬此部，修持之必須持守這些規定；所以我想素食大約由此而來。

釋迦牟尼時代，和尚們不得自己煮食，隨人布施，即施主供養何物便需接受，不得挑剔，因此，不可能素食。

＊生圓次第、虹光身、氣功

問：請談談生起和圓滿次第。

答：它們的藏文是「傑任」和「佐任」，「傑」意為觀想、生起所修之本尊；「佐」意為圓滿、融合於行者自身，在金剛乘教法中，我們兩種都修。

在無上部修法中，我們觀想自身為本尊即生起次第；然後認為我們不再是凡夫身，融合於空性之中，此即圓滿次第禪修。

問：金剛乘中為何修持氣功？

答：修持氣功是為了使我們的脈、身體更圓滿清淨，對高級修持有好的幫助，在印度教中也有類似的氣功。「那洛巴」中那洛巴所傳有六種方法，寧瑪派中也有這些方法，大同小異，僅名稱不同。

問：何謂虹光身？

答：虹光是空性的象徵，我們可以看見虹光，卻碰觸不到虹光；從究竟義來說，它象徵了明空雙運的空性，這是佛陀最終境界的名稱。

虹光身可分幾種，一種是我們死時身體消失，一種是我們的身體變小，這是我們外在可見其境界的象徵，足以證明其修證。

虹光身通常在死時才現起，高超的修行者並不輕易示現其內證境界，人們即使看了，或許會不腳踏實地修行而希冀什麼。修行成就者的用意是在引導我們逐步如法修法。

蓮師向藏王赤松德貞示現虹光時，是為降伏藏王之慢心，並且他們之間因緣極深，否則大成就者是不會如此示現其力量的。

問：虹光身的境界有等級之分嗎？

答：沒有。因為佛的境界都是一樣的，你不能說誰好、誰較差。

問：虹光身是從身體的那一部分開始化光？

答：據說是如冰塊溶化般逐步縮小、化掉，但仍能看見其形狀；不過化光的過程不能被看見，準備化虹光身的人會離開人們的視線，不使人看見，最後人們發現他完全不見了。

問：虹光身和天色身有何不同？無色界天裡也沒有形體的。

答：人神不是佛，佛已超出三界，人神仍依其行為業力投生，並且無色界人神是看不到的，但我們卻可以看到佛，我們是可以區別他們的不同。

問：請問諸佛淨土之不同？

答：諸佛淨土都是一樣的，沒有痛苦充滿快樂、法意自然流露，一切隨順自然化現、壽命無量，可隨願至諸佛土聆聽法教……

問：四加行中修的曼達盤就是你未來成佛的淨土？

答：是，這是我們所說如何去淨化自己未來的淨土，但現在的種種獻供與淨化環境，有助於未來到達淨土。

問：請談談雙修法？

答：雙修法中我們可看到所謂的明妃，但那並非一般世俗之性行為，那是智慧和方便或空性和慈悲的象徵，男性本尊代表方便，女性本尊代表智慧。

問：請談談菩提心？

答：世俗菩提心是想要利他的心願；勝義菩提心則是受菩薩戒，並實際從事利他的行為。在大成就者涅槃時會流出紅、白色血液，這是代表其證悟或真實發心的紅白菩提，是一種我們可見的象徵。

＊寧瑪三根本

問：請談談寧瑪派中主要的上師、本尊、空行、護法。

答：我們說三根本，上師是修法的根本、護法是事業的根本。寧瑪派中的主要上師是蓮花生大士；本尊是忿怒蓮師；空行是依喜措佳佛母，或是獅面金剛空行母。這是三根本。護法則是喇呼拉、阿松媽、單堅多傑勒巴等三尊常見的護法，另外還有雙性尊、瑪哈嘎拉等護法。

問：有些佛菩薩的修法並未見於無上瑜伽部之中。

答：本尊都是一樣的，但佛菩薩各有不同願力，有些特別示現在適合行密、事密修法中，以度化有緣之種姓眾生。

問：請談談閉關？

答：閉關意為隔離世俗的一切，全心全意地用所有時間來修法。閉關之前需要訓練，了解如何修持；據我所知，蘇格蘭有一處閉關中心，閉的是三年關，但時間是四年，他們花一年的時間來教導在三年關中該做些什麼。我想這是一個好方法，在台灣大概也要閉四年才行！（笑！）

問：中道、中觀之意義為何？

答：中道就是不要走這邊、不要走那邊（笑！）以實際修法為例，一天修廿四小時的太緊了，都不修又太懶了，不會有成就，或許一天修十二小時最適合，不要極端。在哲學上來說，中道就是不落入斷見、常見；萬物並非空無所有，亦非永恆；世俗假有之下，其實相本空，因此中道包含了世俗諦、勝義諦，緣起性空二者是不分離的。

問：寧瑪派有何特殊、不共之處？

答：各派其實是一樣的，僅成佛之道略異。若以阿底瑜伽、大圓滿等寧瑪派教法而言，它的修持極迅速，可在此生得證；但其他派、其他法則不如此說，需多生方能得證佛果。這是時間上的殊勝，是寧瑪九乘法中阿底瑜伽的不共殊勝處，其他並無不同之處。

問：傳承的內在證量品質是否可能喪失，而僅剩衣缽外相傳承？

答：品質不變，但數量減少。在過去具大成就者多，今日大成就者較少了，這是環境、時間和眾生業力的關係。然而金剛乘教法仍可永遠延續下去，因為我們有伏藏法可在適當時機取掘出來，如敦珠法王的新伏藏法即是，它們很短、簡單，但很完美，可適合現代的需要。這類教法並不一定必要依可外見的修行者延續下去，一些不為眾人周知的祕密修行者，會祕密修持並持有傳承；雖然有少數過去的教法傳承已中斷，但新的教法會繼續出現，因此我們說金剛乘教法仍然存活。

＊對台印象及施教計畫

問：請問您來台多久，對此印象如何？

答：我一九八七年來此，至今一年多，這裡的人生活十分繁忙，要有時間修行十分困難，能做早晚課就不錯了，想閉關根本沒時間。為了有好的、持續的修行，閉關是有必要的；不過若能日日有恆地持續修上一小時，也就可以了。

問：請問您未來有什麼施教的計畫？

答：請幾個仁波切來台傳法。（為什麼？身為堪布，已有傳法能力、資格，不是嗎？）因為你們喜歡從仁波切那受法，而不是一般非轉世喇嘛！

在印度、西藏他們並不攝於仁波切的名氣，因為他們是真正想了解一些東西，他們知道老師們教些什麼，而不管是不是仁波切。但台灣人關心名氣的加持力更勝於老師們的學養。

像在我所屬的寺院組織中有十五位老師，但其中沒有一個是轉世的仁波切，超過三百位學生和許多歐洲各國人士前來學習，也許幾個月或幾個星期，雖然不是全部時間投入，但他們知道自己該做些什麼。在台灣，人們接受了大量的灌頂，不過似乎並不知道接下去該怎麼辦、該做什麼，一些基礎他們並不了解；接受金剛乘的灌頂十分具有加持力，但三昧耶戒若未能守好，也相當危險。

問：您覺得台灣或印度的環境何者較適合學習佛法？

答：在台灣，人們太忙碌了；在印度有許多老師、寺院機構提供學習，像我所屬的寺院中除了師資外，還有極大的圖書館，藏書豐富，你喜歡的話就可整天待在裡面，在那兒人們較有時間學習。但在印度，大部分的西藏學者都不會英文或中文。

問：您是與蔣波羅僧仁波切一起來台灣的嗎？您認為仁波切過世後，對中心有何影響？

答：我第一次和仁波切來台灣是五月，當時仁波切還住在復興南路。然後我跟他一道去香港，接著我先返回印度加入我所屬的寺院組織，在我離開後，仁波切在香港圓寂，其後我再度來此。在仁波切過世後，中心的一切都停頓了，我也不知道怎麼了，一切都相當晦暗。（沮喪嗎？）不，不是沮喪，而是很大的損失；因為宗諾仁波切對許多人都幫了很大的忙，仁波切也曾給予許多人們想要的教法，人們也很喜歡他，這個損失相當大。

問：您對台灣的中國佛教看法如何？

答：西藏佛教和中國佛教在究竟實相上是一樣的，但是過去我們甚少有所聯繫，二者若能更加親近，團結會是很好的。雖然有些中國人仍不能接受金剛乘教法，但那也無所謂，大乘佛法和金剛乘並沒有不同。

我們和中國僧侶有語言上的溝通問題，並且在此仍屬草創期，有待時間溝通彼此共通之處。接受金剛乘教法與否係取決於他們，然而接受的問題在西藏四大教派之間也有，基本上沒什麼不同。

起初，小乘國家的人們也以為，西藏佛教的戒律和小乘佛教的戒律並不一樣；但經過合作、溝通之後，人們了解到整個儀式都是一樣的，僅有部分觀點上的差異。譬如說一個、兩個杯子之類的小問題，他們說這個小的算一個，然後加上另一個，但我們的一個杯子中，實際上已包括了二者在內，所以最後發現，其實詳細內容都一樣的，不同處僅是名目、數字。

現在大部分的中國學者並不會說英文，西藏學者也不會中文或英文，因此語言的溝通問題有待改進。不過溝通不是不可能的，因為中國、西藏的大乘佛法都一樣，都有文殊菩薩，觀世音菩薩、阿彌陀佛等等。

後註：台北深坑寧瑪巴白玉佛法中心落成當日正值颱風，除大門為風所吹壞外，雨水由樓上未裝妥門之陽台積水後，從宗諾仁波切房間流下，經樓梯流到客廳而至佛堂，然而同在樓上之另外兩間房間則僅有少數雨水。後由開初仁波切表示，此為大仁波切圓寂之徵兆也。

四部瑜伽的分法並不是佛菩薩有高低，
而是因眾生之根器所能領會的程度差別所以才分，
佛菩薩本身是無二無別的。

〔寧瑪派〕噶陀寺傳承偉瑟喇嘛

Yoezer Rinpoche，འོད་ཟེར། 1956-

曾擔任烏金喇嘛中、英文翻譯的偉瑟仁波切，幼年即由蔣揚欽哲卻吉羅卓仁波切認定；及長，十六世大寶法王認證為尼德寺住持都把打波之轉世。十歲起，師承頂果欽哲仁波切、敦珠仁波切、達隆澤珠仁波切、夏紮仁波切、卡盧仁波切、竹巴噶舉突謝仁波切等大師。

訪問日期：一九八八年八月十九日

＊金剛上師與灌頂

問：請您自我介紹。

答：我是噶舉派的。在西藏有一所很大的寺叫祖普根巴，是噶瑪噶舉派大寶法王的本寺，其中一個分寺叫做泥底噶，我的前世就是那所寺的仁波切。我在西藏出生，年幼就到了印度，我的父親在不丹，也是一位仁波切，父親的稱呼是洛千仁波切；在西藏時，我的前世是由前世宗薩欽哲仁波切所認定，後來到不丹再由大寶法王認定為都把打波的轉世。六歲時開始隨父親學習佛法，十歲時到頂果欽哲仁波切處學寧瑪派的法，接著到現已圓寂的敦珠法王那裡學法，一九七一年時到夏佳·松解多傑仁波切處閉關三年，三年後到不丹一個以前蓮花生大士到過的特別地方叫巴珠打坐，再閉關兩年多，去年跟宗諾仁波切——蔣波羅僧一起來台灣，現在自己成立一個中心。

問：仁波切為何來到台灣？

答：中國跟西藏很久以前就有關係，佛法的關係也有，現在在台灣許多人很喜歡學佛法，我想現在世界上學佛法的人很少，聽說台灣人很喜歡佛法，所以想到這邊來教，希望能幫助眾生。

問：請問仁波切幾歲？

答：今年三十四歲。

問：噶陀佛學院是仁波切成立的第幾個道場？

答：以前自己沒有。至於前世的寺在不丹，但由於是很小就去大寶法王那邊學佛法，所以到現在還沒有時間回去。以前主持過我的上師夏佳．松解多傑的三所寺，他要（指定）我負責三個閉關中心，教導他們如何閉關；我來台灣原本並沒有那麼快想成立一個中心，但是由於現在很多台灣人請求（邀請）的關係，所以已經有 一個小規模的。

問：在台灣也要建立閉關中心嗎？

答：我想在台灣傳法和教他們修行，但閉關則目前還沒有方便的地方，我想慢慢來。台灣人學佛法應從四加行教起。

問：仁波切打算在台灣住多久？

答：到這邊已經一年多了，以後還要待多久尚未決定。我想從四加行開始，一直教到氣、脈、明點，氣功。

問：仁波切在什麼時候取得上師的資格？

答：三年多的閉關完了以後，我的上師說我可以教佛法。

問：一般人要取得上師的資格，是否要經由上師的認定？我所指的是傳授密法、灌頂的資格，而不是經教。

答：我們學佛法，是從四加行開始學，然後要自己很努力做修行，不論灌頂、口耳傳承、閉關都是如此，也要想想世間輪迴是怎麼回事。這些全部做完了以後，還需要一位上師看他做得可不可以，然後那位上師會決定他可不可以教。

問：現在在台灣，我們如何知道誰是不是有資格教？

答：譬如說我們吃東西，吃了才知道那東西好不好吃；有人教法的話，我們先去看、聽、判斷對不對，像這樣就可了解。中國的佛法是很久以前就有了嘛！很久以前的上師他們也有寫書，看現在有人教的法跟以前的是否相異（異同），如此即可判斷。譬如說你們自己知道哪位師父修行好、哪位修行比較不好，自己知道嘛！我們西藏人講話不一樣而已，教的佛法都是相同的。

問：如何證明一個人得灌頂否？

答：這個，很難了解。譬如我們西藏，現在頂果欽哲仁波切、敦珠法王，他們都有所謂的灌頂傳承，然後他們也有寫下他們灌頂的傳承，我們西藏人只有傳承的才給灌頂。你可以問嘛！如果有灌頂傳承的西藏仁波切，他們自己會講。

問：那是寫在紙上的是不是？

答：他們自己會寫，以前一直到敦珠法王、頂果欽哲仁波切有寫。從釋迦牟尼、蓮花生大士、普賢王如來到敦珠法王、頂果欽哲仁波切，灌頂傳承沒有間斷，問的話可以說得出來。

問：我現在問的是參加灌頂的人，每個人了解的程度不一樣，有的人根本聽不懂，那是不是同樣可修法？

答：你不懂意思而去灌頂的話，這個灌頂的加持是可以得到，但真正灌頂沒有得到；如果是口傳，你去參加的話，只要聽到仁波切的聲音就可以了。灌頂不是聽到聲音就可以，這是要觀想，比如說是文殊師利灌頂的話，你要觀想上師是文殊菩薩；你不懂的時候，去灌頂就沒有辦法觀想，也許灌頂的加持可得到，但沒有辦法得到真正的灌頂。

問：僅得加持，是否同樣有修這個法的資格？

答：如果那個人真正相信佛法的話，也許可以學；假使他沒有真正相信佛法，而是因為別人去灌頂所以自己也去參加，如此即沒有真正得到東西，但還是可以修，最重要的是相信。

＊得灌與否之制定

問：那如何證明真正得灌？

答：灌頂是觀想本尊。比如說我們是皇帝，但我們不住在皇帝的地方，卻住在外面，後來終於有一個人把皇帝帶到皇宮中，灌頂的意思就是這樣子。我們要想我們都是皇帝，可以管理國家，我們本來都是皇帝，但現在不在皇宮，這皇帝就是佛性。給灌頂的意思，就是把他帶到皇宮的意思。真正得到灌頂最好是觀想本尊的時候，自己感覺跟本尊無二無別，能這樣子觀想，便可以得到真正灌頂；若沒有辦法這樣觀想的話，則自己心裡要很相信佛菩薩講的都是千真萬確、毫不虛假的，如此也可以得到灌頂，但算是次等的，最好是可以將自己觀想到和本尊無二無別。

問：對於接受灌頂的人，是不是要有一些特別的選擇？

答：接受灌頂的人，要有菩提心，不能自私自利，而要利益所有眾生。功德好比是如意樹一般，如意樹就是我們什麼都可以得到、用不完的樹，發菩提心的功德就像如意樹；沒有發菩提心的話，功德像普通果樹一樣，用一次就沒有了。

問：上師對於來灌頂的人是不是一定要選擇？

答：目前算是很不好的時代，因為很少人學佛法。如果有兩個人是要學佛法，上師是不會拒絕的，上師會看這個人可以學哪一種，那個人可以學哪一種，然後才教他們；不懂的人，上師是不教他們很深的法，因為教他也不懂嘛，所以教些比較一般性的，上師也不會因為他已經懂了很多而教他很淺的，更不會說誰不可以學法。

問：是不是任何人都可接受灌頂？

答：灌頂也是很多種！像大圓滿的、普通的，弟子過去已經修了很多的話，才可以給他大圓滿的灌頂；他還沒有修一些基本的、普通的法，就不能給他大圓滿灌頂。

問：現在這個時代也是這樣子嗎？

答：現在也是要看那個人是不是真正有心要學佛法，如果有的話，才能給大圓滿灌頂。現在很少人學佛法，如果有人要學佛法，時間也不很夠，仁波切他們會觀察他是不是真正要學佛，如果真正肯學的話就教他；如果沒有那麼發心的話，就給他比較低一點的灌頂。

問：所以這個時代是不是就看他的發心、信心，即使修得不是那麼好，也可以給他比較高的灌頂？

答：那個人真正有相信的話就可以給了，修行得很好或差，並非那麼重要，他要是真正相信、很用功就可以給他了。

問：像現在台灣的很多灌頂，就發一張通知單，有的人根本連那位上師是誰都不知道就跑去灌，而上師也不認識弟子就給灌頂，這樣會不會有不好的地方？

答：很久以前，弟子先觀察仁波切，看可不可以去跟他學，看上師是否真的修行很好；上師也觀察弟子是否有真正相信佛法，如果是真的話才教他。剛剛講的是很久以前的事，如果現在我們像以前一樣地察看弟子可不可以學佛法，光是問啊、看啊時間就來不及，到最後連一個人也不來學了，因為時間不夠、來不及。而釋迦牟尼佛曾說：我們勸一個人信佛，跟蓋一間寺的功德一樣大，現在這樣做也有好處的。

問：這樣的話，是否信佛的人數比較多了，但成就的人少？

答：我沒有辦法說那位是真正修得很好或不好，釋迦牟尼佛有辦法說誰修得好不好，但我不能。我無法說現在成佛的人較少，因為以前在釋迦牟尼佛的時代，一位和尚應守的戒數是兩百五十，而那和尚全部都守的很好，跟現在只守好五戒的和尚比起來，守五戒的功德卻比較多。因為以前的人沒有很多煩惱，比較容易接受；現在的人大都不信佛，能守五戒的功德跟以前比起來就大很多，功德大的話就容易成佛。

問：修學密法是不是一定要閉關？

答：一定要。經過灌頂、口傳、講解後一定要閉關。沒有辦法到山上出家的話，至少早、晚也要修行。密宗這些灌頂，只有聽而不用功的話就沒有用，很久以前的仁波切也都是領受灌頂、口傳、講解後，閉關修才成佛的。閉關時心裡要想著所學的佛法，心裡沒有這樣想的話，去閉關也沒有用。

問：給灌頂的上師是否一定要證到相當的果位？或是儀式他都很熟就可以了？

答：知道灌頂的意思之後還不可以給灌頂，要經修行、閉關這些過程，還要按照規定數目唸本尊的心咒，每一尊都要唸完，這些全部都完成了才可以。

問：那就是只要做完這些，即使程度還是不怎麼樣也可以給灌頂？

答：上述全部做完，自己還要有很好的修行才可以給灌頂，氣、脈、明點、大圓滿都要修得很好才行，麻哈、阿努、阿底瑜伽的修法都要經歷過才可以。

＊無上部本尊與明妃

問：請問無上瑜伽部有多少本尊？

答：無上瑜伽部的本尊最大的只有五個——密集、勝樂、大威德、歡喜、大幻化網等五大金剛，但除此之外還有很多，觀世音菩薩、文殊菩薩等都是。四部瑜伽的分法並不是佛菩薩有高低，而是因眾生之根器所能領會的程度差別所以才分，佛菩薩本身是無二無別的。

問：是不是每一個本尊的法要，在無上部都有？

答：無上部中所有佛菩薩的法要都有，但無上部的想法和下三部不一樣，做的事、觀想的都不同。下三部——修法時要弄得很乾淨，不吃肉……等，他們觀想本尊是很高、好像是國王一樣，自己很卑微、像工人一樣；無上部認為自己和本尊無二無別，有時也不弄得像下三部一樣乾淨、不嚴守不吃肉等規定。

問：修氣、脈、明點可不可能不用實體明妃？

答：這是有兩種方法的，要修這個，要先修氣功和拙火，經過這兩種方法才可用明妃。但在家眾是用真正的明妃，明妃不能是普通的小姐，必須有一些特徵的規定，不是每一個人都可擔任，圓滿特徵規定的人才可用；出家眾則用觀想來修，很久以前的大佛爺，也有從淨土請空行母下來的。

「當我們觀想自他為本尊時，一切眾生仍在痛苦中，問題還是沒解決不是嗎？」

「不！你必須嘗試去了解這是本尊、這是輪迴苦痛、這是你的修行，而你並沒有將他們融合在一起，卻把他們分開了，但若不把他們融合，則你無法修行。」

佛法的重點不在自己而在與眾生同享

〔薩迦派〕教主達欽仁波切

H.H. Jigdal Dagchen Sakya, འཇིགས་བྲལ་བདག་ཆེན། 1929-2016

薩迦達欽，意為薩迦派的大聖賢，他是當今薩迦派地位最崇高、最資深的上師之一。仁波切降生於一九二九年，被認為是文殊師利菩薩的化身，同時也是第六十六任哦巴祿頂大堪布蔣揚卻吉尼瑪的轉世。

訪問日期：一九八八年十二月二十日

＊四派如一無二

問：寧瑪派中談大圓滿、噶舉派中談大手印，可否請仁波切談談薩迦派的道果？

答：西藏佛教的四大派都是以釋迦牟尼佛的教法為宗旨，只因文化、傳統而有一點點不同。（笑！）道果是很難了解的，首先你必須聽聞、思惟，然後修行，如果沒有聽聞和思惟，你無法起修。而其中的基本意念便是見地，見地分兩種：主體和客體。客體就是我們現在所看到的一切；而主體是內在的嘗試——嘗試去了解自性的實相——空性。

薩迦、寧瑪、噶舉、格魯各派雖有不同的見地、哲學觀點，但如果你真正了解他們，便能知其精髓均是一致的、沒有不同；如果了解的話，你就會說「喔！我是薩迦、我是噶舉……」這是不必要的。所以我修一切四派的法，他們只是見地不同，但結果是一樣的。

初學佛者，一開始最重要的便是聽聞、思惟，然後修行，沒有聞和思惟便無法修行。如果你已經了解靜坐了，那麼靜坐是好的；如果你不了解，只是睡覺而已，那就不好。靜坐是為了悟自心，雖然自心和意識有相關，但你在修行時，必須認識這是自心、這是意識；當你尋求自心時，自心沒有顏色、形狀……而意識在那兒，你可以看、聽、嗅……這是你的意識；這是你的自心嗎？不，這不是自心，這是意識，所以你必須修習你的自心和意識。

問：據我所知，在格魯派中對中觀有一致的見解，（那叫「貢瑪巴」然後呢？）然而在薩迦派中

對中觀的見解卻不一致，像薩迦班智達是自續派，而仁達瓦卻是應成派，直至今日，薩迦派一直沒有統一的見地。為何有如此的差別呢？

答：哦！對的。為何有這差別？因為像我們現在有四個人在這，我、我兒子、她以及你，我們都有個人的心和個人的意識，精髓是一致的，但你喜歡的某些東西我並不喜歡，她喜歡的東西我不喜歡，我喜歡的東西她也不喜歡，這就是差別所在。我們都一樣嗎？我們並不一樣，這就是了。

問：但是最高見地不是只有一個嗎？怎麼還有不同呢？

答：為何最高見地有所不同？唔！（這……）問的好！你必須嘗試去了解輪迴，你必須去放棄輪迴，你必須去不執取輪迴，你必須真正去相信，然後你可以有最高見地。如果你有執著、貪欲，你知道貪欲嗎？哦！我要這，這是我的，這就是貪欲，如果你有了一個，你還要一個；你已有了一個，又再要有一個，永不滿足。這些你都必須完全放棄，然後嘗試去了解那是不真實的、是有染污的，你知道染污嗎？我們嘴巴上很容易說要如何減少染污，但你真正修行時就全然是另一回事。堅守正道太困難，因為有自我，你知道自我嗎？就是我！我！這是我們所修的，如果你的「自我」了悟了，就很高；如果你不了解自我，你只是和以前一樣，繼續下去罷了，了解了嗎？

問：當我們觀想自他為本尊時，一切眾生仍在痛苦中，問題還是沒解決，不是嗎？

答：不！為什麼？你必須嘗試去了解這是本尊、這是輪迴苦痛、這是你的修行，而你並沒有將他們融合在一起，卻把他們分開了；但若不把他們融合，則你無法修行。

問：我是指自身的觀想，並沒有實際解決別人的痛苦，也許只是解決自己的問題？

答：所以基本的是，我不能自創一些事，我必須追隨釋迦牟尼佛的教法去修行，所以相信是最重要的，如果你不相信，你無法修行。所以當你修本尊時，譬如說你修觀世音菩薩好了，觀世音代表對一切眾生的大慈悲心，所以你想說：哦！我就是觀世音。你思惟觀世音的大慈悲心我也有，他的加持給予了我，然後毫不懷疑、認真地去做——我就是對一切眾生的大慈悲心。但如果你想說我就是觀世音，不！我不是觀世音，觀世音有四臂，而我沒有四臂又如何是觀世音？忘了他吧！觀世音有千手的，我也沒有千手。

佛法是不容易了解的，很困難的，要花費許多年，而非一兩年的，但你必須要有勇氣與發心，這很重要；你如果不發心，結果便很緩慢，如果沒有發心、慈悲，必定仍在輪迴中，不過是來回擺渡罷了！

＊以慈悲與愛對待不同宗教

問：印度教密宗和佛教密宗有何不同？

答：是有不同。但我們並不說印度教不好、我們佛教才是好的。個人去信仰才是重點，所以我們並不想談論這個宗教好、那個宗教不好之類的話題。千百種的宗教，是依你的選擇、你想要如何去做而選定，這才是最重要的。如果你說自己是佛教徒，而你也喜歡它，以之為樂，那麼你真是一位佛教徒；如果你說自己是佛教徒，卻不喜歡它，以之為苦，認為自己必須去做這做那，要去得到一些什麼，那就錯了，宗教不是壓迫性的，宗教是為了要能自我了解。所以我們不能批評其他宗教，那樣做是缺乏愛和慈悲心的，而愛和慈悲心十分重要。我確信來到此地給予灌頂的許多喇嘛都已解釋過了，所以我們談談新的，我喜歡新的想法，好嗎？

問：那麼仁波切有什麼新的想法呢？

答：新的想法？相當多。瞧，我們都是亞洲人，你是台灣人，我是西藏人，我們都是有情眾生，都是人類，我們在此有許多機會、自由，你想要工作、你想要睡整天覺、為賺錢而工作，買好衣服……我們都可自由地去做。但世界上有一些不自由的地方，我們必須憶念並盡力去彼此幫助、與他人分享，這就是新的想法，如果你這樣做，那便是愛和慈悲心，就是佛法，這是新的慈悲心。我喜歡像台灣這樣的國家，多自由！但在許多地方卻不然。為什麼？我們都是有情眾生啊！有一些人正在艱難地生存著，有一些人卻擁有太多東西，因此你必須做全體的思惟，依愛和慈悲心去嘗試彼此幫助、維持和平、使大家歡樂，以此心向佛陀祈請，這是重要的，如果你做了就很好。

而如果你只是坐在佛堂中想著要去參加法會、去灌頂，那也好，但那是傳統、那是文化；你必須了解喇嘛（上師）該做什麼、弟子要做什麼，這些十分重要。弟子必須對教法有信心，上師必須實修教法，然後就很好；如果喇嘛、弟子都不照著法做，那有什麼用？我並不是說誰對誰錯之類，我只是在說一個正確的途徑。上師必須具備四種品格，如果具備了便可成為喇嘛（上師）；而學生必須聽聞、思惟、實修，在接受教法時具備無動搖、不懷疑的信心，這是弟子必須具備的品格。雙方如此便好極了，但這些如果有了混淆、錯誤，那我也不知道了。

問：如果一些上師的品格並不如此高尚，在三昧耶戒中說，上師和弟子都要下金剛地獄；但如果我們批評某人不好，便又破了自己的戒律。如果不說，難道眼看許多人跟著下地獄去？這又不合菩提心啊！

答：對！我剛已說了上師所需具備的條件，弟子必須在接受灌頂、教法之前依之，檢驗喇嘛是否具德，必須去看；如果上師沒問題，而你也真心想修學佛法，那就很好。佛典記載著：在你想要尋找上師、依止上師之前，你必須審視老師是否確實具德，如果具德你就跟他學；如果不具德，你就換個上師，但不要告訴別人，因為如果你說誰不好，你便破了戒。這是真的。

問：但您認為，在今日我們仍有機會長時間觀察喇嘛嗎？喇嘛來台都不過數星期、數月，給完灌頂就走了，我們如何審視呢？

答：我不知道如何說這件事，大家盡力吧！我不要說，那不是我的事。我無法說好與壞，抱歉！（笑）

＊東、西方學佛人之差異

問：您是第一位到西方傳法的仁波切，於一九六〇年（是！），您也曾在西雅圖華盛頓大學執教，您覺得在西方學校和西藏傳統寺院中，學西藏佛法有何不同？

答：他們是在不同層次上的。當我首度到華盛頓州立大學時，事實上我在大學中是一名教授，但我無法教學生，因為那時候我還不會說英文。那兒有五、六位教授分屬不同學系，他們會藏文，我們一起從事研究西藏文化；後來有幾個學院的人，想學西藏語會話、了解藏人的生活等，事實上我們沒這樣的課，但他們很特殊，我們教了以後，學校賦予學位。

我在大學中執教十二年，但當時沒有任何宗教色彩在其中，只有教授們這些高級教育專家才知道中國、西藏、蒙古的不同，一般人根本分不清蒙古、西藏。直到一九七一年，有些嬉皮開始想學靜坐、想找回自心，他們認為有一些東西迷失了，想找回來，便開始研究。所以我開始教靜坐和佛教哲學，人也漸漸多了。後來噶瑪巴、卡盧仁波切、敦珠法王相繼的來了，好像現在台灣一樣，來的、去的人多了，我才知道東西方的不同。

西方人想學的是靜坐、發展自心，並不想學灌頂、修法，你必須向他們解釋其利益。像在給予文殊師利菩薩灌頂前，他們會問什麼是文殊師利？為什麼要這灌頂？文殊師利有什麼功用？可得什麼結果？等等，你必須向他們解釋文殊師利是智慧的本尊，修此法可得智慧、使修行少犯錯……等，然後西方人才願意接受此法。接著再把什麼是灌頂？如何進行？如何準備、一切的細節弄清楚後才開始做。但在亞洲，如新加坡、馬來西亞、台灣等地，人們不會問這麼多，有灌頂時弟子拿錢來給喇嘛後便離開！（笑！）而西方人並不如此做，但這是因傳統、文化而有些不同。

問：您認為閉關對每一個人而言都是必要的嗎？

答：喔！閉關是非常重要的，但閉關前，你必須先計畫好閉關中該做的一切事情，那麼閉關才可說是重要的；如果你不準備好，那你只是進去整天坐著罷了。要先知道自己為何要閉關，對閉關要有概念，則閉關是好的；如果你不知道這些，像某些人一樣宣稱自己要閉關，那只是嘴巴說說罷了。

問：商業社會中，要放棄工作去長期閉關，不是很困難嗎？

答：所以我早先告訴過你，你要了解輪迴的痛苦，對自己一直在做的工作有清楚地認知，了知世法不究竟，而想要改變，想去了解佛法，然後你會知道，做生意和佛法並不在同一道上，你必須把它們分開。

問：閉關中如何行菩薩道？得到利益的不是只有自己嗎？

答：不！不！不！閉關中你可持咒、誦經、靜坐、禮佛等，觀想並隨喜一切眾生同修。這並不是說只有自己在修，而是與一切眾生同修，共創平和、歡樂，與人分享法益才是重要的，不要把自己放在第一位而不在乎別人。勿以為自己在閉關修法就了不起，那不是佛法！因為佛法的重點不在自己，而在與眾生同享。若先想自己再談別人的人，是誤解了佛法。

問：過去的傳統閉關是先學好、準備好一切再進行，但今日西方閉關中心，都是進去學習如何準備閉關？

答：對！你也可如此做，如果這樣能使你更平和的話。閉關中的計畫表，如早上讀經、晚上修法，這些安排好就可以。

問：薩迦派傳承中是否有「時輪金剛」法呢？

答：是！非常重要的無上密法！寧瑪派也有這傳承，薩迦派也有，大家都有。下次我們也從尼泊爾的寺院中找一大堆喇嘛來敲鑼、打鼓，依傳統儀式來灌這個法，是「大灌頂」哦！（笑）

問：灌頂是否有得灌與否之別？

答：得灌與否因信心、誠意決定，沒有信心的人就算聽懂上師在說什麼也沒用。並沒有什麼特別徵兆可證明得不得灌，傳法時，上師只一心想讓弟子得到灌頂，其他也就不在乎了。但上師一定要如法修完一切前行法，若上師的前行法有疏漏，或其中某一部分做不好、心中沒有本尊的話，弟子就得不到加持，灌頂便是沒有用的。

＊願藏地佛法再興

問：一九五九年後，請問西藏佛法傳統如何延續？

答：這是好問題！我很高興聽到。雖然西藏人離開家鄉，卻也因此將佛法與文化帶到全世界。

問：佛法無邊不是嗎？

答：當然！佛法有大力量。

問：西藏高僧不是很多嗎？如果佛法真的那麼有力量的話，不能改變現狀嗎？

答：你知道嗎？這次我回印度和達賴喇嘛等幾百個大仁波切開會討論，我們談論的重點在如何維護西藏文化、宗教，如何將西藏佛教與全世界人類分享，嘗試彼此相愛、慈悲一切眾生。

問：當藏人至印度，企圖重建西藏佛教時，他們需要大量的老師指導，您在當時為何選擇前往美國？

答：（笑！）我一開始想要去歐洲，最終卻落腳美國，那是我的業力，你知道什麼是業力的意義嗎？我們皆因業力而來，業力有三種（three karma），不只一種，當我和太太、小孩等人到印度時，曾有人要我去法國、日本，最後有人邀請我到西雅圖，他們願意提供房子等，這是我的業力所致。

問：你是否認為有些轉世活佛生活得太舒適了？

答：我不知道。

在過去要能為一個薩迦喇嘛的妻子、薩迦（昆族）兒子們的母親，
必須具備許多特質與高度的證悟，
但我只是一個普通人。

薩迦達欽法王夫人的流亡生活口述

〔薩迦派〕教主達欽仁波切夫人 蔣揚達莫拉・薩迦

JamyanySakya SönamTzezom, འཇམ་དབྱངས་བདག་མོ་ས་སྐྱ།

訪問日期：一九八八年十月九日

＊與轉世仁波切之婚姻

問：請先自我介紹。

答：我是蔣揚達莫拉・薩迦，是薩迦達欽仁波切的妻子，住在美國西雅圖，一九三四年生在西康。我來過台灣六、七次了，大都是跟達欽仁波切一起來的，但是他這幾年來較為忙碌，大部分時間都用在宗教上；而像我此行是前來台灣參加慶典，所以仁波切就派了他的代表——我來此。

問：薩迦達欽仁波切與薩迦崔津法王是當今薩迦昆族傳承的兩大領袖，他們之間的關係可否請您說明？

答：現住印度的薩迦崔津屬於自己昆族度母宮，是當今薩迦教法的寶座持有者，他和達欽仁波切是同一個家族所分出兩個宮室的親戚，現在薩迦教法即由此二宮室的堂兄弟輪流執掌，但是他們的傳承、教法都幾乎相同。

問：您婚前便與達欽仁波切熟識嗎？

答：我在十六歲時嫁給達欽仁波切，婚前我已經知道一點有關達欽仁波切的事，他的父親是上一任薩迦法王，而我的叔叔是一個寺院的住持——第三世德松仁波切，在叔叔的帶領下，我們從達欽仁波切的父親處領受了許多教法。

問：您是貴族嗎？

答：在西康較少所謂貴族的傳統，但是我所出生的是一個有深厚的宗教淵源的醫生家庭，像我的大叔叔是位喇嘛、叔叔是位喇嘛，當然我的丈夫也是位喇嘛，而我的小孩也是喇嘛，在我的身邊都是喇嘛。而我這一生中，大概曾從上百位喇嘛處領受過教法。

問：社會階級對西藏佛教的影響如何？

答：有一些喇嘛因為在古代曾受各王朝授予特別的寶座、印璽……因此傳統上他們持有了這些東西；但個別說來，你自己的上師也是最高的，比如說喇嘛在傳法時都會有寶座，這寶座並非是因為喇嘛有所需要而設，而是代表了對於佛法教義的尊重。

問：您自己也修法嗎？

答：是的，身為薩迦喇嘛的妻子，必須自己選擇本尊而修，這是一個傳統。我自己所選的本尊是度母——綠度母與白度母，我在西藏時已閉過三次關，但到了西方後再也沒閉過，我們太忙了，必須忙著養活自己的工作。

問：身為一個在家仁波切的妻子，您覺得和一般人的妻子有何不同？

答：我的活動很不一樣，因為我必須支持、服侍喇嘛，我的一切責任、活動都與宗教有關，而我並不與他人不同，我只是一個人罷了。

問：您個人覺得以佛母或空行母這樣的話，來稱呼在家轉世仁波切的妻子適合嗎？

合：我不知道。在過去要能成為一個薩迦喇嘛的妻子、薩迦（昆族）兒子們的母親，必須具備許多特質與高度的證悟，但我只是一個普通人。

問：您有多少個子女？

答：五個兒子，沒有女兒。

問：達欽仁波切的兒子們對薩迦昆族法脈、血脈的延續十分重要，你們如何在美國持續對他們的佛教教育呢？

答：我們也十分關切，因為薩迦派是父子血脈傳承，只有昆族的成員能夠傳持教法。但現在那是十分困難的，因為他們從小所受的是西方式的教育。我的大兒子在銀行工作，次子是位律師，老三主修電腦，老四主修英文教育，他也很想學中文；今年我最小的兒子也將完成他的大學學業了，他主修電腦。即便他們是在美國的佛教寺院中生活，一切也與西藏寺院大異。但是他們深知自己是佛教徒、西藏人，並以此為傲；也許未來有一天，他們會回去努力地學習，直到能夠傳法，這是艱苦的，因為一切都不像在印度、尼泊爾一般。

問：下一任薩迦崔津法王是否輪到達欽仁波切的長子繼承該法座？

答：我不知道，真的不知道。如果在西藏的話，依傳統老大是要繼承法座、教法的，不過現在很難說將來會怎樣，如果他能傳持、教授教法是很好，但是誰能幫助薩迦傳承、傳承教法是最重要的。

＊前往印度、美國之經歷

問：可否談談你們出國的經過？

答：在我和達欽仁波切結婚後，我們在全西藏旅行，特別是走遍了全康區；達欽仁波切走訪了許多寺院，從許多喇嘛領受教法，此行總共費時五年。我們返回薩迦後，在一九五九年我們與十四世達賴喇嘛同時離開西藏，經歷了一段艱苦的路程；那時我們已有三個小孩，最小的一個才剛滿周歲，而我們必須爬過喜瑪拉雅山，那並不容易。

問：您對這樣的時局變化有何看法？

答：這顯示出了尊貴佛陀的導引，因此而使佛法現在得以於西方廣傳。在此之前，西方世界的佛教並不興盛，當西藏人出走後，佛法才廣布的。

問：到印度後呢？

答：我們在印度住了一年半，因為我們有自己的印度弟子，所以暫時住他們那兒。一九六一年時，華盛頓大學邀請達欽仁波切前往美國從事西藏佛教研究，此後雖然自一九六一年起我們一直住在美國，但是也一共回去過印度三次。

問：當時是該大學的系、或是研究所邀請前往美國的呢？

答：是一個東亞系為了要做西藏語言研究而邀請的，他們也有研究所，但是對佛教的研究並不多，主要以西藏語言、歷史為主，旁及西藏佛教。現在美國的佛教徒日多，也許日後會有較多對於佛教的研究。

問：達欽仁波切現在仍執教於該大學嗎？

答：達欽仁波切的寺院法務太過繁忙，而他只一心想做自己有興趣的事，因此而辭去華盛頓大學的教授一職。為傳揚佛法，達欽仁波切現在已經自己建立了一座寺院在華盛頓州，而且大多數弟子都是西方人。達欽仁波切正在建立華盛頓地區的第二座佛教中心，以及計畫在將來建立閉關中心。

問：印度氣候與西藏差異極大，逃亡初期，許多西藏人都死於適應不良，在極度需要上師教導的

情況下，你們為何沒有留在印度呢？

答：薩迦達欽仁波切與德松仁波切都深知哪裡才是真正缺乏老師的地方，而印度一地的僧侶、喇嘛相當多，在西方卻很少，在美國甚至有人從未聽說過佛法這回事情。他們剛到美國時，想要令美國人成為佛教徒十分困難；我們不僅是第一批到華盛頓的喇嘛，同時也是第一批西藏人，當時沒有人知道佛教，也沒有人知道佛陀的教法。

問：您覺得西藏與西方佛教弟子有何不同？

答：西藏人天生就是佛教徒，即使他們並未精勤學習、修法，也自然相信佛法；但是西方人疑問極多，因為他們沒有佛教的背景。不過在達欽仁波切教導之下，他們對西藏語文、宗教學習和修持都相當豐富。

問：許多西藏大仁波切至今未曾來台，是因政治顧慮嗎？

答：我自己的看法是，身為喇嘛，只要是有需要教法傳布的地方，他們就該前往。

問：您回過大陸嗎？

答：是的。在一九八六年時回過西藏。我此生都一直有一個問題：有這麼多的人說發生了這個那個的，但是我要用自己的眼睛去看。我很高興我做到了，現在我知道有人所說的並非事實。

其實我特別想去看看薩迦，那是我的兒子所屬的地方。當時達欽仁波切並未一道前往，雖然許許多多的寺院都寫信來請求他回去造訪，但至今他尚未決定。

問：薩迦的現況怎麼樣？

答：在薩迦一地，薩迦派有兩座大寺——薩迦南寺與北寺，南寺仍在該地，寺中的許多宗教文物也還在，但一切都和以前不一樣了。

問：一九五九年以前，在格魯派之外，薩迦的寺院數是西藏第二多的，那麼現在在西藏與西方的情形如何呢？

答：西藏現在的情形，我真的不是很清楚的知道，因為以前格魯派的僧侶數遠多於其他派的寺院，不過薩迦與寧瑪派的寺院都是最古老的。我們西藏有一句話說：沒有薩迦就沒有格魯傳統。這是因為薩迦在開始的時候傳去給格魯派創始人，因此兩派關係密切。

雖然今日在西方或台灣，似乎噶舉派的喇嘛很多，但是美國也有許多薩迦派中心，因此很難正確地說。不過我自己的看法是：縱然各派的教法、喇嘛所持有的見地有別，但是真正的佛陀教法精髓為一無別；即使我們到寺院中，也可能有四個門可以進入，各派之間的關係就像是這樣。你只要選擇自己所感興趣、所喜歡的教法即可。像西藏所修的多半是大乘佛教，而東南亞的一些佛教國家所教則為小乘，但我想那只是老師所教時強調的重點不同而已，並不是真的完全有異。像薩迦或是其他教派的教法，都是依於行者有多少修行，他們需要的是什麼來幫助他，這是他們唯一的不同。

而聽聞教法或領受灌頂後，最要緊的就是實修，如果自己不修，便只能當作是領受加持罷了；我們學愈多，便愈覺佛法之深廣，就會對佛法更有興趣。佛法雖然不簡單，但是學佛卻也不難。

問：薩迦傳承與寧瑪派的關係很近？

答：是的，因為蓮花生大士是寧瑪派的創始人，而他自己曾直接傳法給薩迦派，所以薩迦派的人也多兼修寧瑪教法；這兩派的關係密切，事實上蓮師在薩迦中也有轉世化身，達欽仁波切、達欽仁波切的父親都是蓮師的化身。

＊美國薩迦派寺院運作情形

問：西雅圖薩迦寺的活動情形如何？

答：我們每週末、週日都有觀世音菩薩的共修、開示與問題解答；每月初十、二十五做蓮師等等的薈供；每月二十九日做大黑天修法；藏曆每月十五日做度母四壇供；薩迦五祖等祖師的紀念日法會。由於每個人都有忙碌的工作，所以每次共修的時間約為八點至十點。

問：您也教授西藏佛法嗎？

答：很少，我主要是教西藏語言，許多達欽仁波切的弟子都對藏文有興趣。但是因為許多喇嘛都不會說英文，而弟子們學法時又有許多問題，像這樣的時機，我才協助教法的教授。

問：寺中有西方出家眾嗎？

答：是的，達欽仁波切自己是在家的仁波切，因此他並不能剃度弟子，因此是邀請祿頂堪仁波切等人前來剃度授戒的。

問：西雅圖薩迦寺與印度薩迦佛學院等教育機構的學習有何不同？

答：我想薩迦佛學院的水準極高，他們的戒律訓練很好，在美國每個人都必須工作，沒有人支持、供養、鼓勵，所以以在家居士為主的寺院居多。

問：可否談談您的叔叔——第三世德松仁波切？

答：第三世德松仁波切也是協助達欽仁波切建立中心的人，他在美國居住了二十年以上，擁有許多美國弟子，現在我們正於寺院的前方為他籌建一座紀念舍利塔。

德松仁波切是一位極博學的上師、薩迦傳承的持有者，並身為達欽仁波切的親教師；他還不分教派的領受了格魯派、寧瑪派、噶舉派的許多傳承法要。

問：可否介紹一些其他的具德上師。

答：西藏有句話說：我們無法指出誰是真正的喇嘛，也許一個乞丐正是已成正覺者，所以實在無法指出誰是具德上師。

因此某仁波切教我們不要批評任何喇嘛，如果你真的想領受任何喇嘛的教法便要高度敬重他，如果不想接受，也不要批評。

問：何以薩迦派的密法傳授並不多？

答：因為那必須保持祕密，只能給予真正對教法有興趣的人，即使今日，他們也不輕易傳授，除非弟子已經準備好了；因為這就是一開始的誓言——上師代代規定必須擇人而傳，而持守誓言對上師和弟子都很重要。

但是在此末法時代，世界上發生的事太多了，人們不似古代一般的嚴謹地信任著。不過一切仍依個人而定，如果自我嚴謹地精進閉關修持，仍有成就的可能。

問：您對三年閉關的看法如何？

答：三年關在美國很流行，在轉世祖古或喇嘛指導下進行，像卡魯仁波切的中心即是。我想這很好，因為即使要想叫美國人閉一年關都很困難，而即使能做一天的閉關也好，對自己會有幫助。在西藏如果想要傳法，就要完成某些特定的閉關修法，無論是否轉世祖古皆然。

問：您對台灣弟子有何印象？

答：我不清楚，我和台灣弟子接觸不多，只有弟子們來向達欽仁波切請益時我才接觸到他們，因此無法說些什麼。不過我跟第三世德松仁波切一起來台灣的那次倒感到很高興，由於他的弟子極多，我感到他們很虔誠，幾乎和西藏人沒有兩樣，不像美國人那般多的疑問。

問：您認為今日世界上什麼地方最適合學習西藏佛教？

答：那要視情況而定，想要修學佛法，首先要有一個能自由修法的地方。

我想如果要學佛的話，台灣倒是個好地方，因為台灣的佛教徒比例很高，政府也支持宗教活動；美國也很好，可以很獨立地修行，但是學佛的美國人口仍然有限，因此處境較為艱辛。至於印度、尼泊爾雖然寺院多、老師多，但是生活條件很差，而修行者是需要有好的健康、營養，以及勤勉用心、有耐心的老師。而且還要學習語言，因此想到那兒長住並不容易，那是訓練人的好地方。

東方人應深入探討基本佛理，
好比因果的邏輯和推論，方能深研佛教深哲的道理。
西方人則總要了解一切，
然而，他們縱使「了解一切」，內心卻毫無法喜。
他們應著重佛法的修持；東方人則須著重佛理的論證。

佛教中心應以激勵教友修行士氣為目標

〔薩迦派〕第四十一任薩迦法王

H.H. Sakya Trizin, ས་སྐྱ་ཁྲི་འཛིན་ངག་དབང་ཀུན་དགའ། 1945－

第四十一任薩迦法王於藏曆第十六曜輪木雞年八月初一日清晨誕生。自一〇七三年創派以來，法座持有者皆由昆氏世襲掌理宗派及傳承法脈，繼承者為昆氏男性直系後裔，為終身職；二〇一四年改為輪流繼承制。先祖八思巴受元世祖忽必烈尊為帝師，成為第一位統一西藏政教、建立薩迦王朝的喇嘛、第一位受封「大寶法王」的高僧，執西藏政教大權近百年。薩迦派教法上承寧瑪、下開新譯派，教證法要昌榮，在古今佛教史上皆占有重要的地位。

訪問日期：一九九二年十一月

問：世界各地的薩迦中心應該扮演什麼角色？

答：一般來講，世界各地的薩迦中心，應該弘揚佛法，使佛教發揚光大，普及大眾，且以薩迦教義唯要。這些中心應扮演著激起會員們在修持生活的士氣。

問：薩迦的教義是什麼？

答：薩迦主要教義源自畢瓦巴尊者（維魯巴）、那洛巴和龍樹菩薩。就如江河的支流，這些教義綜合通過卓米大譯師及許多譯者而流傳到薩迦五位始祖（即薩千貢噶寧波、索南澤莫、傑尊札巴蔣稱、薩迦班智達、八思巴）。薩迦教義主要以喜金剛法、金剛瑜伽女和普巴金剛法為中心。而薩迦的基本教義與其他佛教系統無異。

問：法王教過東、西方的學生，您認為他們有何不同？

答：東方人的文化傳統似乎已經融合了基本的佛理，譬如：因果與轉世的原理已為東方人所承認。而在西洋，這佛教的基本概念卻得用邏輯來推理，方才能說服西方人。

問：東方的年輕人似乎有崇洋的趨勢，而他們原有的文化和傳統信仰卻逐漸失落……

答：沒錯。西方的年輕人也是一樣。不過，待他們年事漸高（長），感到失落時，總免不了會回味東方傳統與信仰的價值。事實上來東方尋求解脫煩惱方法的西方人，大有人在。

問：西方人似乎比較熱衷於修持佛法，為數雖少，但素質似乎較佳。

答：我認為這只是我們的觀點，其實東西方修持佛法的熱誠都是一樣的。

問：以您走遍世界弘法的經驗，您給修行者的啟示是什麼？

答：由於東方人對於基本佛理原有的信仰，他們給我的感覺是認為此乃理所當然，因此停留於其中，而不加思考。東方人應深入探討基本佛理，好比因果的邏輯和推論，方能深研佛教深哲的道理。

西方人則總要了解一切，然而，他們縱使「了解一切」，內心卻毫無法喜，他們應著重佛法的修持；東方人則須著重佛理的論證。

問：請您給諸薩迦中心一個共同的方向。

答：由於各地的薩迦中心由不同的喇嘛所創辦，要合眾為一，實屬難事，也不切實際。因此若要薩迦會所強盛，有可能的話，所有薩迦中心的外形若能相似，則大有方便處。

同時，各中心若能有相似的功課如：綠度母供養法會，法界三觀（三現觀），遠離四種執著法，觀音法會和四加行法。但是目前世界各地卻是法本不同，若所有薩迦中心共用一標準法本，那麼薩迦教徒環遊世界，則可參加其他中心的法會。行政方面，但求各中心自行管理。但法本資料，則求外形相若。目前，似乎各個中心有不同翻譯，若大家共用相同的法本，同樣的譯本和同音律的英文誦本，將會更好。

達賴喇嘛尊者曾說過，所有金剛乘佛學團體中心應有一本共同的佛法課誦本，其中包括小乘巴利文的讚誦本。

身為女性，首先不要覺得自己很委屈、業障重，
要觀想自己就是度母的化身，如此修法便會精進、較迅速，
而修行的最終目的便是成佛。

〔薩迦派〕第四十一任薩迦法王之姐 傑尊瑪仁波切

Jetsun Kusho Chimey Luding, རྗེ་བཙུན་འཆི་མེད་ཀླུ་སྡིངས། 1938－

仁波切是雅謝・貢噶・仁欽（Yabse Kunga Rinchen）家的長女，她有三個弟妹，但只有她與最小的弟弟，即後來的薩迦法王兩人長大成人。仁波切與法王非常親近，他們有相同的上師，接受相同的學習與閉關訓練，是具有高深證量的少數藏傳佛教女瑜伽士之一，也是當今唯一能夠傳授薩迦《道果》教法的女性上師。

訪問日期：一九九二年十一月

問：我們很少有機會遇到一位女仁波切，請對女性修行者特別開示。

答：身為女性，首先不要覺得自己很委屈、業障重……要觀想自己就是度母的化身，如此修法便會精進、較迅速，而修行的最終目的便是成佛。

問：請問國中生如何學佛？

答：學佛必須是自願、自發的，不是聽老師說所以學佛，學佛的初步要先求皈依，找一位善知識求皈依；已皈依後要領受不殺生等五戒，盡量幫助別人，或至少不要傷害別人，去十不善、行十善。

並且相信因果，善有善報、惡有惡報，視六道眾生為父母。六道眾生在我們過去生中均曾為我們的父母，母親自懷胎、生育、乃至教養我們，怕我們餓、生病、還要讓我們受教育，十分的偉大，因此我們一定要恭敬、孝順現世父母。

問：身為醫生，常有無力感，該如何？

答：醫生最重要的是要有慈悲心，此外，因為病人的情緒往往比較低落，所以還要有忍辱、忍耐之心。以此二心所開出之藥方，必有益處。

問：快速對上師起信心的方法是什麼？

答：選擇上師之前要先觀察，然後求受皈依與灌頂；我們對佛陀、甚至佛像都有信心，因此將上師視為佛，便能對上師生起信心。而每日心中皆不離三寶、上師的人，必定不會做的太壞。

問：現在的台灣人工作忙碌，而完成四十萬加行似乎遙遙無期，有無辦法可解決？

答：歐美的人和你們一樣忙碌，卻有許多人修完四加行，因此忙碌並不是學佛的藉口，應利用自己的年假、星期假日、每日早晚專修，平時並隨力助人。

現在大家談到修法就沒時間，但是如果有人現在找你去看電影、唱卡拉OK、跳舞……相信大家一定有辦法抽出時間。修法的時間是要自己找的，而不是上師的問題。

「有一些人看到、聽到別人學佛，就會加以嘲笑，甚至以極不敬的言語辱罵佛，我們該如何面對？」

「一切眾生都有不同的想法、觀點，重要的是自己不為別人不同的看法所影響。」

〔薩迦派〕哦巴支派法王第七十五任祿頂堪千仁波切

His Eminence Ludhing Khenchen Rinpoche，ཀླུ་སྡིངས་མཁན་ཆེན་འཇམ་དབྱངས་ཉི་མ། 1931－

第七十五任法王祿頂堪千仁波切出生於哦耶旺寺（Ngor Evam Monastery）附近的祿頂巴（Ludingpa）家族，十歲剃度出家，二十四歲即位成為哦耶旺寺住持，是薩迦「哦巴」支派的領導者。此家族以孕育不同佛教派別的大學者及大成就者而馳名西藏。仁波切曾傳授《道果》法十六次以上，亦常給予哦巴七壇城及其他本尊的灌頂及指導，曾主持上萬名僧侶的出家儀式。

問：地獄道的眾生會不會懺悔？如果懺悔會不會解脫？

答：地獄道的眾生會因墮入地獄的痛苦而悔恨，但由於業力的關係，他們無法修行，必須等到業力盡了才能脫離地獄。在此之前，如果他的親屬能請人為他們修法、迴向，也許對他們有些幫助。

問：看到眾生很愚癡的做了一些無法理解的事情，心理面會起傲慢心，該如何壓抑回去？

答：首先要問自己為何起傲慢心？我們不過是看到了眾生的缺陷、弱點罷了；應修習一切眾生平等之觀，或做視一切眾生皆為如母眾生的禪修。

問：有一些人看到、聽到別人學佛，就會加以嘲笑，甚至以極不敬的言語辱罵佛，我們該如何面對？

答：一切眾生都有不同的想法、觀點，重要的是自己不為別人不同的看法所影響。

問：當我們觀想自己代替眾生受苦、或迴向時，這種自他交換的修法，會不會真的使自己承受了別人的痛苦？

答：自他交換的修法是一種心的訓練，這種觀想的本身並不會真正得到別人的痛苦，如果你的修行已圓滿成就，也許就真的有能力代替別人受苦。而僅就將自己快樂給別人、將別人痛苦代到自己身上的觀想來說，這就是一種善行。

問：開刀動手術、拔罐等，是否會影響將來金剛乘脈、氣、明點的修法？

答：對真正的脈氣修法來說會有些影響，但這並不表示無法修習，這樣的人仍能修持之，只不過要完全專精此法，可能有些影響，但對修持金剛乘影響不大。大家不應太在意這個問題，應以自己身體健康為重。

問：如何使自己在夢中瑞相、境界現起時，能夠清楚的把握？

答：如果好好的精進修持「道果」法，便能轉夢為真，否則夢就是夢。

問：對十惡不赦卻又毫無悔意的人該如何是好？

答：嘗試著跟他講一些佛法，並使自己不要因此而煩惱。

問：供曼達手印有何意義？

答：供曼達時打一個特定的手印是來自寧瑪、噶舉的古老傳統，原因大概是他們不想見到供養時空著手，但供曼達手印並非出自任何密續，因此薩迦派大師——第二世宗薩仁波切曾建議大家不必打此手印，但如果有人想打亦無妨。

問：瞋恨心生起時該如何抑制？

答：修慈心觀。分析瞋恨由何而來？其本質為何？你會發現它也是空性的。

問：供養的意義何在？

答：供養是為了積聚我們成佛的資糧，不論是花、燈……都要隨力供養，愈多愈好。

佛陀在自度化他圓滿時，
並不表示一切眾生也都圓滿成佛，
但佛陀證果的自圓滿則代表著：
他具足信心、智慧和能力，
並且永遠準備好要度盡眾生。

〔薩迦派〕堪千阿貝仁波切

Sakya Khenchen Appey Rinpoche, མཁན་པོ་ཨ་པད་ཡོན་ཏན་བཟང་པོ། 1927-2010

堪千阿貝仁波切出生不久，即被認證為噶瑪噶舉八蚌寺祖古轉世，但不就。及長，入薩迦派宗薩學院就讀，主要師承第二世宗薩蔣揚欽哲卻吉羅卓與德松安將朱古仁波切。一九五九年任薩迦法王經師，一九七〇年建立薩迦佛學院，學生包括第三世宗薩欽哲等人，今日薩迦派重要堪布皆出於此。二〇〇一年成立國際佛學院（IBA），學生包括第三世巴麥欽哲仁波切等優秀外國籍學子。一九八六年代表薩迦法王來台設立第一個中心，傳授顯密諸法。一九九二年，仁波切第三度受邀來台弘法。達賴喇嘛曾讚歎堪千阿貝仁波切：內外皆莊嚴，雖身為薩迦法王與直貢法王之上師，但戒行一如，舉止低調，言行皆以顯經密續之佛語為準，是末世難得之良師。

訪問日期：一九八九年一月八日，一九八九年一月十一日

（之一：一九八九年一月八日）

＊從勝義諦及世俗諦說明眾生心及佛心

問：眾生的心和佛的心有何不同？

答：事實上我們的心和佛的心有很大的不同，而佛的心並不等於佛性（Buddhahood），但我們心的本性和佛性（Buddhahood）是無差別的，不可區分的；如果分別它，就落入對待、意識中。舉例來說，杯子雖然有種種不同的顏色與形狀，但內在則一致。

問：「無差別」，這是從究竟義上來說的囉？

答：是的，從究意義上來說無差別。而究竟義（勝義諦）這個層次和我們心的本性也是無二的。

問：但從世俗諦上來說，眾生心和佛心是不同的？

答：對！當我們談論「心」的時候，如果論及眾生心和佛心，都是就世俗諦（相對義）上而言，

至於談「本性」，例如心如心的本性、自性或佛性，則都是勝義諦上而論。事實上，佛教有多種不同派別的經論、修法及註解，我是以薩迦派的立場為基礎來談論的。

問：那在究竟義中，我們心的本性是否完全同佛一樣圓滿具足，或只是擁有成佛的種子及成佛的可能性？

答：本性上是無差別的。一旦提及「眾生」及「佛」，便是立論於世俗諦而言；若依勝義諦來談，二者並無差別。在西藏各派的最高教法中，各以其不同的方式來解釋世俗諦與勝義諦，所以我就針對西藏以外的學佛人分析說明其中的差異點。

寧瑪派及噶瑪噶舉派相信，阿賴耶識乃是佛的智慧，佛的智慧是我們自身本具的成佛種子，兩者同屬究竟。

薩迦派和格魯派則認為，眾生具有的阿賴耶識並不相等於佛的智慧，阿耶賴識屬於世俗諦。當我們談到阿賴耶識時，常涉及對「空」和「明」的模糊。在寧瑪及一些噶瑪噶舉派的最高教法——大圓滿和大手印中認為：我們具足佛的智慧，問題僅在於能否認識它而已，而本具的佛的智慧是圓滿果位的。但薩迦派的道果和格魯派最高教法認為，我們並沒有具足佛的智慧，而只有佛性，並且要透過修行，改變佛性為佛智。雖然如此，但薩迦派和格魯派的見解又有所不同，薩迦派認為要改（轉）變我們的心為佛智（轉識成智），但格魯派認為現有的心必須放棄，另外開創出佛的智慧。

依據薩迦、格魯派傳統，人心是趨向佛道的，因為心識是相續不斷直至成佛為止，但必須要揚棄由惡業導致的染污和障礙；雖然外相上各派的教法有些不同，但究竟意義或付諸實修卻仍一致。

在靜坐禪修上，只有格魯派有一點不同的見地，而薩迦、寧瑪、噶舉則見地相同，然四派所證的果位都一樣。

＊由佛智本具或轉化自心詢及各派見地高低

問：請問寧瑪派所謂「認識自心」和薩迦派的「轉化自心」有何不同之處？

答：其不同在於：寧瑪派認為我們本身有佛的智慧，在修法或成佛之前就已存在，眾生唯一要做的事便是去認出這個智慧。

但薩迦派並不認為我們本具佛智，眾生有的只是平凡的心，而這平凡的心識應該轉化成佛陀的智慧。舉例而言，薩迦派就好像沒有房子一般，但已具有一切建築的質材，唯一的工作便是建造房子；但寧瑪派，則是房子早已建好，只不過上面被灰塵遮障，除去灰塵、重現房子便是主要的工作了。

問：所以不管佛智本具或需要轉化，一樣都得修行？

答：是的，都仍須修行，而且修法一致，所證果位也一致。

問：各派不同的見解是否有高低之別？

答：你是指各派最高教法？

問：是的。

答：每一派都很高。

問：但中國的密乘大瑜伽士陳健民上師認為，寧瑪派的見地最高。

答：是可以這樣說的，這是修行者的一種尊崇、讚歎，許多經典都讚歎不同法門如王者一般尊貴。我的上師——德雄祖古仁波切（已在西藏圓寂），一位著名的大修行者、大學者，他熟知各派的最高修法，他認為，各派別的最高教法，儘管在教導方式上有所不同，但在實際修行上完全一致。當一個人持有某種修法見地時，由於他所受的法是建立在該見地的基礎上，所以他會感激、讚歎該見地，而且讚歎的程度及次數遠較其他見地為高且多。

問：但陳健民瑜伽士認為證果一致，修法見地則有高下之別。

答：四派見地都是立足在究竟義上，並無高下之別。薩迦四祖薩迦班智達說，見地必須是究竟義，但某些寧瑪派祖師則認為不一定；雖然寧瑪派將整個佛法判別為九乘，但薩迦班智達說不可能有任何一乘比大乘殊勝，也就是九乘可簡化為只有三乘。

＊無明由何而生及圓滿佛智如何能被遮障

問：無明由何處生？

答：各派對此之解釋也不相同。寧瑪派暗示（他們沒有明說）有最初的無明，也就是第一個無明。薩迦派與其他派認為，沒有所謂的第一個、第二個無明這回事。無明是無始的，由無明本身生起無明，並相續不斷產生無明，它也是無終的，如同循環一般，除非證悟，否則不會停止。

問：若按照寧瑪派的說法，那起始無明產生並造成輪迴，跟上帝最初造人有何不同？

答：這其中有極大的不同。基督徒認為一切現象，包括人在內都是由上帝自己創造；但寧瑪派並不認為是由誰創造我們並造成輪迴，佛的智慧和空性是無二無別的，但無明生起遮障佛智，就如同烏雲掩日一樣。

問：佛智如果究竟圓滿，怎麼有被遮障的可能？

答：依寧瑪派的解釋而言，比如天空本身沒有任何障礙，但空中有時也會有雲，雲會遮住天空，烏雲一消失，天空就晴朗了；如上述所言——佛（空性）的智慧也可能暫時受到污染遮障，透過修行將染污消除，即可認清空性。

像你這樣的問題，許多古代的大師便曾辯論過，這是許多人都可能有的問題。寧瑪派還有許多解釋無明由何而來的理由，在許多經典中都明白記載著相關的說明，其中有一位名叫「南瓊卻東」的大學者便寫了很多這方面的書，有機會的話，你可以找出來看看。

問：佛陀已於六波羅蜜多、自度度他圓滿，為何我們仍在輪迴呢？這不是度他不圓滿嗎？在這種情形下，怎麼可能有人已究竟圓滿成佛？

答：當我們說佛陀已是自度化他圓滿時，並不表示一切眾生也都圓滿成佛了；但佛陀證果時，他已經自圓滿，證果表示他具足一切能力去救度一切眾生，他有信心，智慧和能力。

＊依三種菩提心論大乘菩薩道與金剛乘

問：在三種菩提心中，以願一切眾生先於自己成就的牧羊人菩提心為最高，從這一方面來說，並沒有任何一位菩薩或眾生究竟成就，圓滿他們度眾的願力和事業？

答：你說的是正確無誤的。但當你發起牧羊人菩提心時，事實上你自己會先成就，而並不表示你真的等到眾生都成佛了才最後成佛，這只是發心。發起國王菩提心，求自己先成佛再度眾生的人，這是一種禪定的見地，它屬於智慧。而發牧羊人菩提心者，大都是修行方便法以淨化染污。

在印度經典中，國王發心和牧羊人發心是早在印度佛教中便存在的；但舟子發心——自己和眾生同時成佛，這種說法並非源於印度。

問：如果佛已度他圓滿，阿彌陀佛何必再從淨土接引眾生，諸佛成佛後何必再轉法輪？

答：同樣地，佛的自他圓滿，並非指他已度盡眾生。他是具足一切度眾的能力，而度眾生乃是佛的願望，我們也希望佛的願望能圓滿；佛的能力無限，他成佛後乃無止盡地繼續度眾生，即使在剎那間，佛陀仍以無限的加持力幫助眾生，而且永無止息。

問：金剛乘中求自己先即身成佛的願力，這種以自己成佛為第一，度眾生第二，如何算得上是最高的菩提心願？

答：你問的非常好！但是金剛乘修行者先求自己成佛的發心乃是——我必須愈快成就愈好，以便救度眾生，否則不能具有智慧、能力救度眾生，這是他們的意圖。所以即使在金剛乘中，沒有菩提心的人，仍然無法修持任何法門，就連灌頂也無法接受，可見菩提心對金剛乘修行者的重要性。

問：我要強調的是金剛乘行者的國王式菩提心，是否不如大乘菩薩道行者的牧羊人發心高？

答：我同意你的看法。在這兩種菩提心中，如果有舟子菩提心這種中介區存在的話，金剛乘的菩提心是較接近舟子菩提心的，因為他時時有度眾的意願。從皈依三寶起，眾生便在其心中，一切修行皆為眾生。你觀想本尊時，也同時觀想一切眾生為本尊；你持咒時也觀想一切眾生一起在持咒，你是為一切眾生持咒。

＊給糖吃並不究竟——菩薩道與金剛乘

問：那麼什麼是觀想呢？

答：舉例而言，如果想要把字寫得非常好看，那麼從小就要開始練習寫字母；而本尊觀的目的便是在建立本尊的形象，以便自己日後能成為如喜金剛、空行母等本尊。

事實上，觀想本尊是極具精髓奧義的。舉例而言，龍樹菩薩時代，有人請他教導靜坐，龍樹菩薩請他只要觀想頭頂上有洞即可。這聽起來好像笑話，然而在透過無比信心的修持之後，這個人頭上真的有了一個洞，於是龍樹菩薩又教他觀想頭上的洞消失了，結果他頭上的洞也真的消失了。龍樹菩薩認為這個人一定可以練好靜坐，於是便教授他靜坐和觀想本尊二法，後來這個人真的圓滿覺悟。古代，在瓦拉那西也曾有一人，在靜坐時觀想自己是一隻老虎，後來他真的變成老虎，並傷害許多當地人；因此，你如果觀想什麼，你就變成什麼，可見觀想的重要。在我們心中有著種種的執著，身、口上亦然，如果你願意透過觀想，是可以改變這些狀況的。

為什麼我們要觀想？要詳細地回答這個問題，則必須從所有西藏佛教各派最高的教法來探討。

問：觀想和菩薩道不同嗎？如果現在有一哭泣的小孩，菩薩一定馬上去安慰他、哄他、照顧他；但是儘管把他觀為本尊，他一樣哇哇大哭；是不是觀想在理論和實際的圓滿上並不一致呢？

答：在靜坐上修觀想法的人，對如此嚎哭的小孩會有特別的同情心及菩提心，因為想到這小孩雖身為本尊，自己卻仍無法認識，因而自然地生起大菩提心，並且極力想幫助他。在大乘中有兩種對痛苦眾生的憐憫心：一個人修慈悲心時，當然他對一切眾生生起憐憫心。但修慈悲心的見地時，依大乘法而言，一切眼、耳、鼻、舌、身、意所感的世界，皆無自性，其本體皆為空性；而眾生之所以痛苦，乃在於不能了解這個道理，所以深感眾生苦痛，而生起悲心。這就是兩種大乘菩提心的方法。而金剛乘的修菩提心法，乃對一切不能明瞭自性為本尊者生起大菩提心。

問：可是這些並不實際啊！對不了解自己苦痛的眾生來說，你的觀想也許開展了自己的菩提心，但眾生並沒有得到實質幫助，他們需要的是糖果之類的東西，而不是你的觀想，就如同一個快淹死的人需要的是你的援手啊！

答：給小孩糖果叫他別哭，和觀想是兩回事。觀想所有人為本尊，是為了眾生均得成佛，是究竟的，即使這是極度費時又成效緩慢；而給糖果並不究竟，即使有效也只是暫時的幫助。從究竟義來說，佛和糖果是天大的不同，雖然給糖果的行為也許人人可以見，而你在觀想什麼大家都一無所知，但在佛經中曾記載著，法施的結果虛空難量，比財施更大，因為法是究竟的、無可比擬的。

問：所以是否大乘菩薩帶著糖果和法一起送給眾生，但金剛乘修行者只有理論上的東西，不是嗎？

答：你不該把大乘和金剛乘視為完全不同的兩回事，實際上大乘乃是金剛乘的基礎，而金剛乘則是大乘道之一。即使金剛乘行者，也發願一天布施四次或六次，唯做到純粹與否是個人的事；至於大乘菩薩，則連頭、手、腳都可布施給眾生。但金剛乘行者並不能這樣做，因為大乘道的表現是痛苦的方式，而金剛乘則採取大樂方式。

它們另外的不同，在於大乘必須放棄一切地位、財產，並承擔一切眾生痛苦，發願將一切眾生業障轉移到自己身上；而金剛乘的大樂修法，是不給予自己身、心上的痛苦。

問：可否請仁波切給予台灣弟子一些建議？

答：我必須先研究台灣的情況才能告訴你，每一個地區的人相互了解彼此心中想什麼是十分重要的。

（之二：一九八九年一月十一日）

＊將本尊轉為特定的寂靜或憤怒尊

問：火供是最迅速有效的方法嗎？

答：是的，火供或火的供養（將供品燒掉）是最迅速有效的方法之一。

問：請問為什麼要修護法？本尊難道不能做護法做的事？

答：在修行中為了遣除障礙、保護行者不受干擾，因此我們修護法；對那些有足夠信心、相信本尊有護法能力的人來說，修本尊也就夠了。但在行者危難時，本尊也是化為護法救護行者。一般認為，西藏人民受觀世音菩薩所保護，而中國則受文殊菩薩保護。

問：每一個本尊有沒有特定的空行、護法？

答：喜金剛或上樂金剛灌頂時，往往一起灌特定的護法，但事實上並沒有說哪一個本尊有特別的護法；倒是四部密法，每一部是有其特定護法的。

格魯派祖師宗喀巴大師曾說：「在你有所特別請求時，可將本尊轉現成另一特定寂靜或忿怒本尊。」

問：那表示，如果我們只會修觀音法，在需要咕嚕咕列佛母以攝受眾生，但卻沒受過此佛母的灌頂時，也可觀想轉化嗎？

答：宗喀巴大師這句話並不表示一定要將本尊觀成另一尊，事實上你可以向你的本尊祈求特定目的即可，形狀不變，但想成是另一尊。像西藏人常說，連三歲小孩也持誦六字大明咒，然而這並不表示修持六字大明咒不需灌頂、教授，只是表示此法的普遍。

問：四加行的修持必須在無上部大灌頂前或後？

答：四加行必須在無上部大灌頂之後修持。

問：如果曾受的無上部大灌頂和所修四加行分屬不同宗派傳承，不知可否？

答：前三個加行各派都一致，但第四加行的上師相應法，一定要由你的上師給灌頂才行。

（之三）

問：文殊、觀音、金剛手三尊合灌，為何有文殊居中、觀音居中與金剛手居中三種不同組合之灌頂？

答：此三怙主（或稱三族聖）大灌頂屬四部密法之事部，事部中只分佛部、蓮花部、金剛部，不同於後來諸部分五方佛部。三部中以毘盧遮那佛為部主之佛部為尊，而文殊菩薩屬此部，故多以文殊菩薩居中為主。

問：此法既屬事部，為何又稱大灌頂？大灌頂不是應為無上瑜伽部灌頂？

答：不是這樣的，四部密法中每一部都有特別的大灌頂；我們修密法必須先接受大灌頂後，才能領受其他小灌頂。

問：那麼這個法中就沒有氣、脈、明點的修法了？

答：有的，氣、脈、明點並非無上瑜伽部才修，事實上緣覺等小乘，甚至印度教也有修。

問：請問您認為今天學習西藏密法，只靠英文是否足夠？

答：足夠了。像你們還會中文就更好了，因為中文和藏文一樣早有對佛教術語的特定名詞，學習起來方便多了；如皈依佛、法、僧，而在英文中並沒有固定的適當翻譯，所以必須造新字，但中文則不需要。

當你皈依時即為小乘部分，
當你做發菩提心之成佛想時即為大乘部分，
當你被授予真言時即為金剛乘部分，
如此一灌頂中即具足三乘，而非各別之修法。
金剛乘較餘二乘殊勝處即在其已攝二乘，而各乘之決定實在於發心。

方便中起修而臻智慧之果

〔薩迦派〕第六世塔立仁波切

H.E. 6th Tharig Rinpoch, ཁྲ་རིགས་རིན་པོ་ཆེ། 1923 - 1998

仁波切出生於青海玉樹，一九九五年避居尼泊爾，一九八七年首度親蒞台，次年在台成立「薩迦佛教法林」。仁波切精通薩迦三支派的全部法教，由於平時多以灌頂，特別是修法來利益與度化眾生，因此他的開示較少，但神異事蹟頗多。他是當代薩迦派資糧最圓滿的高僧之一，在塔立寺仿大昭寺所造的釋迦佛等身像，華麗與莊嚴堪稱尼泊爾藏傳佛像之最，對寺院布施供僧的金額亦無人可比。本文是仁波切稀有的中文開示。

訪問日期：一九八八年十月十六日

問：灌頂是從上師或本尊處得灌？

答：僅從上師處，沒有上師就沒有本尊，從上師處受灌後，如果你修持得不錯，才能見到本尊。任何你想修的法，沒有上師就什麼也做不了，因此上師最為重要。

問：請仁波切談談薩迦派和其他派間的辯論。

答：事實上，所有的大圓滿、大手印、道果都是一樣的，都是佛法，特殊處在於其傳承之不同，其實主要要點皆同，唯小別處無須分別，如水性皆同，這些教法也都是為了去除五毒。

問：許多學問僧花了很多的時間在邏輯、哲學思惟上，仁波切對此認為如何？

答：為何他們花許多時間於研習上？如同一位國家的總統必須傾聽具經驗者有關國家的好壞意見，弟子亦需由上師處請益、問法，然後再自己禪修，乃至未來得以教人。

＊閉關修行在利益他人

問：閉關的重要性如何？

答：閉關禪修十分重要，應依照自己的能力，一個月、兩個月的閉關；從長期閉關中可得到好的經驗。像有人閉綠度母的關，嗡達列嘟達列……地持了許多的心咒，卻從未見到綠度母，就說修這法不好、沒有用，這是不對的；他為何見不到度母，因為他走錯路了。要修持好，就要好好禪修。

問：那麼一個人一生要閉多久的關呢？

答：佛法中不這樣說，而說晝夜六時中能盡力修持就盡力修持。

問：一個總是（長年）在閉關的人，利益自己之餘如何利益他人？

答：想要證悟成佛的人會去閉關禪修，但大小乘之關鍵亦在於此。閉關中發心大小即利益他人與否之關鍵；菩提心之究竟結果即是成佛。

因為所有的修法都有智慧和方便兩部分，菩提心的修持屬於方便部分。若你意欲進行菩提心之禪修，你必須觀想六道眾生，而自己欲慈悲利益眾生，此為相對義（世俗諦）；若你做空性之禪修，則為菩提心之究意義，然而此究竟菩提心於初修行人，僅可片刻獲得，而非整日於其境界中，你必須修持於此眾生亦屬空性、非實質存在之菩提心，以轉五毒，證入空性，一旦進入則能起大用。

我們在方便（相對）中起修，而達智慧（究竟）果。

問：仁波切身為轉世者，可否憶記前世？

答：不能，當我小的時候，其他的喇嘛認定我是塔立仁波切，他們拿一些我過去世用過的法器等東西來檢定。我現在依顯宗經教中不殺、不盜、不淫、不妄之戒，不言前世、鬼神之事，否則即背棄此教法。

問：在薩迦派的教法中，如何結合顯宗教法？

答：薩迦派教法依小乘、大乘、金剛乘之順序而修，事實上以小乘為皈依基礎，加上大乘之菩提心、成佛想，和金剛乘灌頂之甚深道。

問：灌頂等儀式為大、小乘中所無，其殊勝之處為何？

答：這是金剛乘之傳統，大乘或顯宗則僅授予佛之言教；大乘依語，金剛乘則依智慧。

問：那麼金剛乘係為上根者而設，因而必揀擇弟子？

答：是的，是為上根者而設，且需選擇弟子；像我有很多弟子，而佛法法門繁多，我會揀擇根器而授。

問：觀想至何程度即算成功？

答：在大小乘中，若你觀想到究竟空義，即可進入密乘之修持，觀想的好壞則需依傳承儀軌所載而定。事實上，這是依空性智慧和五毒多少的程度而定，我無法告訴你要觀想到多清晰才行。

＊火供是最具力量的

問：請問火供的意義？

答：火供是最具力量的，可清除禪定中……等一切業障。以喜金剛為例，其順序為：先修喜金剛法，然後做喜金剛之禪修，最後是喜金剛之火供。火供分息、增、懷、誅四種，佛曾說：「若你身處困境之中，修火供即可改變。」如前述修喜金剛法若過多、過少等未能如數時，可修火供以免受罰。

問：金剛乘殊勝之處何在？

答：在這個時代，中國的、西藏的、泰國的、大乘的、小乘的佛教都說自己的法高，但佛陀未曾如此說過。若我今日傳授一個小的灌頂，在此灌頂中即已含括小乘、大乘及金剛乘；當你皈依時即為小乘部分，當你做發菩提心之成佛想時即為大乘部分，當你被授予真言時即為金剛乘部分，如此一灌頂中即具足三乘，而非各別之修法。金剛乘較餘二乘殊勝處即在其已攝二乘，而各乘之決定實在於發心。

＊何謂甘露丸

問：請仁波切談談甘露丸？

答：甘露丸有許多種，種類太多了；事實上那是用藥製成的，藥丸做成後，經仁波切禪定修法加持，將特殊、神聖的物品加入其中，再唸咒加持後才分贈他人。

問：那麼它跟醫師開的草藥有何不同？

答：傳承祖師之聖物加入其中，使它更具有神奇的力量。

問：領受灌頂時是否會有瑞相？

答：灌頂時由於你尚是凡夫，所以即使本尊確實來了，你也看不見；但日後你若逐步修持，本尊們必依其誓約前來加持。

所謂佛的化身

事實上是因眾生的善業所感生
只要世界上的一些眾生虔誠又有信心
那化身佛自然就會顯現
如果眾生貪、瞋、癡等各種煩惱熾盛
那就會見到各式各樣惡形惡狀的人
事實上，他們也都是化身

悉達多成佛只是一場戲

〔薩迦派〕宗薩蔣揚欽哲仁波切

Dzongsar Jamyang Khyentse, རྫོང་གསར་འཇམ་དབྱངས་མཁྱེན་བརྩེ། 1961–

仁波切是現代利美運動主要推動者之一，出生於不丹，是寧瑪巴法王敦珠仁波切的長孫，聽列諾布仁波切之子。七歲被十四世達賴喇嘛、薩迦法王及十六世噶瑪巴認證為宗薩欽哲確吉羅卓的轉世。他主持宗薩佛學院及閉關中心，也在印度、不丹創立宗薩佛學院及卻吉嘉措佛學院，在澳洲、北美洲、台灣等地成立佛學中心，其目標是為個人成就證悟提供必要的協助，以佛陀教法激發不分教派的覺醒正念。他也是一位電影導演，作品包括《高山上的世界盃》、《旅行者與魔術師》與《舞孃禁戀》等電影。

訪問日期：一九八八年十月十七～二十五日

（之一）

問：請問轉世喇嘛是否在前世的基礎上繼續修行，或必須重新開始？

答：這要看轉世喇嘛個人而異。

＊金剛乘與大、小乘的差異處

問：金剛乘強調證量，並認為密乘要比大、小乘殊勝。但菩薩道以救度眾生為己任，而金剛乘行者卻強調即身成佛，是以在未證果前，需要生生世世不斷地全心投入修行，那麼在救度眾生上，是否不如大乘來得直接有力？

答：這種說法並不正確。以菩提心而言，一般所謂大乘與金剛乘並無不同。密宗之修行，無論稱為生起次第、圓滿次第或任何次第，其目的乃在幫助一切眾生，這個目標在任何時候都不改變，這在大乘和金剛乘而言並無差異。

問：那麼在救度眾生的實際行動上，是否會比一般大乘為少？

答：不會，我認為比大乘更多。

因為在大乘中，有很多戒律必須遵守。但金剛乘的修行道路卻更寬廣，沒有任何地方不能修行或利益眾生的，雖然說金剛乘本身也有一定的規律要遵守。舉例而言，大乘不太重視利用忿怒的方法來幫助眾生。可是這在金剛乘中並不排斥，祇要對眾生有幫助，任何方法都可加以利用。因為有某些眾生，是沒有辦法用慈悲或是微笑的方式去救度；這裡的慈悲是指一般我們認為一定要採取微笑方式的慈悲。

舉例來說，如果現在有一頭牛，牠就站在懸崖邊，你是沒有辦法走過去告訴牠說，「唉啊！你往後走吧！不然馬上就掉下去了。好危險！」因為牠根本就聽不懂你的警告。如果你仍想救這條牛的話，唯一能用的方法，就是拿鞭子把牠打走——儘管救牛的動機是慈悲。所以對煩惱、愚痴的眾生，只有用忿怒的方法降伏他們，在金剛乘中，可以看到很多忿怒相的佛像。這樣也很好，因為實際上這個時代忿怒的眾生是要比平和的眾生多得多。

還有一些增益的修行，例如修財神，可以帶來財富，然後從這也可得到成就，像這樣的修行方法，大乘中也不太重視。一般說來大乘是要拋棄、遠離財富的，但是佛經中卻有如下的說法：假使一位比丘沒有任何貪欲的話，那麼是可以拿取如須彌山那樣大的金子。

為什麼金剛乘的行者，並不排斥這種增益法——即讓自己更富裕的方式，來助人成佛？因為一方面，這些財富可以幫助很多眾生；另一方面，有的眾生原來對財富就有很深的執著，如果要這些眾生不執著並放棄各種財富而好好修行，這恐怕很困難！假使非要這些眾生放棄財富修行，他們不但沒辦法接受佛法，更有可能進一步排斥佛法。那麼，如何救度這類眾生？

這在小乘而言，除了放棄，或不斷說服他們應該拋棄欲望，是沒有其他辦法的。但金剛乘因為有很多不同的修行方法，所以它可以讓這些眾生不要拋棄對財富的欲望，卻強調應該利用這種執，轉變成修行的力量。金剛乘便是以這種方法來幫助某些眾生。

＊所謂化身佛是眾生心識的投射

問：如果成佛以後，就可以用各種不同的方式來救度眾生，為什麼很多的大菩薩卻不願成佛呢？

答：不！他們並不是因為有意保留疑惑、煩惱以致不能成就。佛因智慧故，不住輪迴，因慈悲故，不住涅槃。菩薩並非有意要留下一些煩惱不去除而輪迴；菩薩之所以輪迴，是要以救度眾生的方式，來幫助自己清除最後的那些煩惱。

問：以業力而言，化身佛根本沒有任何因緣可以使他進入六道，那麼如果要來救度眾生，是否要先經過染污？

答：不是這樣的。佛的化身，並不像我們所想像的，如同耶穌生在世界上是由外界來的。所謂佛的化身，事實上是因眾生的善業所感。因此，只要這個世界上的一些眾生虔誠又有信心，那化身佛自然就會顯現；如果眾生貪、瞋、癡等各種煩惱熾盛，那就會看到各式各樣樣惡形惡狀的人，事實上他們也都是化身。

雖然有各種不同的見地存在，但對佛教徒而言，重要的並不是談論何種見地，而是談論見地的是什麼人。談到化身佛，重點不在化身，而是在那些對佛有信心、虔誠的人。我們已經染污的心靈，認為佛來了，在兩千五百年前就已經來了。照小乘的說法，釋迦牟尼佛出生在印度叫悉達多太子時，是住在資糧位；但依照大乘的看法，釋尊其實早就成佛了，只是為了要示現給眾生看，所以再來娑婆世界，這是為了要幫助眾生。

照密宗來看，甚至根本就沒有什麼釋迦牟尼佛來了，或什麼是外在的釋迦牟尼佛。這完全是我們心的投射，由於把對他的崇敬、信心投射出去，所以我們便看到或認為有一個釋迦牟尼佛來了，這完全是心識的投射。

問：依此而言，所謂化身佛，是我們自己心識投射出來的；那麼為什麼有些轉世的喇嘛，被稱為是某某菩薩或是什麼佛乘願再來？

答：那就是因為眾生對他們有這樣的信心。所以說，假如你真的認為達賴喇嘛是觀世音菩薩的化身，他就真的是觀世音菩薩——那是指對你而言。不要說是達賴喇嘛，就像是我自己，雖然充滿各種染污，可是如果一個人對我深具信心，認為我是文殊菩薩或觀世音菩薩，則對這個人來說，我就可以是文殊菩薩，就可以加持這一個人，使他成佛。

可是如果有人認為我是假的文殊菩薩轉世，是一個罪惡的人，對於抱持這種想法的人而言，我就足以傷害他們了。對佛的堂弟提婆達多來說，佛從來不曾是一個好人；這並不能表示佛是好的，或是壞的，好與壞完全來自於那位看佛的人是採取何種價值觀！

＊虹光身、實體明妃定義的澄清

問：如果沒有經過實體雙運的話，是否能自在證得虹光身？

答：可以。得到虹光身有種種不同的方法，修六度或十度也一樣可得到，就算是修大乘菩薩道，一樣也可以證得虹光身。其實虹光身就是你證悟到自己乃是空和明的合體，因為虹光本身是空的，可是它的顏色（紅橙黃綠藍靛紫……）又是我們肉眼能看得見的。

問：在領受無上瑜伽密四灌頂時，據書上所言，需要明妃的配合。但就我所知，目前在台灣並沒有這種的儀式；那運用觀想或是其他的方式，是屬於方便法？或是仍為究竟法？

答：無上瑜伽密四灌頂所用的明妃或空行母，有外、內、密三類，而內、密兩種空行是更重要的。自己的智慧就是內、密的兩種空行母，而自性方便就等於是內、密的兩種勇父。一般說外空行，就是指實體的明妃。除非金剛弟子實在難以認識到內、密兩種明妃，在這種情況下，才必須依賴外空行或實體明妃。

但，很多人認為所謂的明妃或者空行母，是位漂亮、美好的女孩，這種看法相當混濁，很不正確。「明妃」，其實是要比上面所講的定義更微妙的。

問：現在人大部分都沒有採用實體明妃這種儀式，是否表示（意味著）現在已經不需要？

答：對那些真正需要的人，當然是需要。但這並不表示我們一定不需要，不過最好是不要隨便去使用這種方式。

問：虹光身代表的果位是什麼？

答：可以說已經證到十三地，即最高佛位。

問：虹光身與所謂天色身有什麼不同？

答：一樣，只是使用的名字不同罷了。使用不同的名字也是很重要的，因為眾生的根器有別，有的人喜歡叫它報身，也就是剛剛提到的天色身。由於報身在大乘經典使用次數頻繁，所以很多人認為報身是最好的說法；但是如果我們對報身執著的話，那就如同我們執著自己的姓名般沒什麼差別。

＊因根器不同而有解脫道與方便道之分

問：法身、報身、化身可同時證得，或必須分別證得？

答：依大乘而言，當然是同時證得。但照金剛乘，尤其是寧瑪派，根本不必去證得什麼，它原本就已經在我們身上，重要的是要實際上真正的知道。

問：在無上瑜伽密是照氣、脈、明點的次第修持，如果這是方便道，那麼應該還有一個解脫道；現在的人似乎直接修持解脫道較多，是否表示他們逾越了這個修行次第，或者方便道與解脫道，只採行其中一個即可成就？

答：為什麼有的人可以直接修大手印？那是因為他們是最上根器的人。但對很多眾生而言，尤其是現代人有一開始就只想修最高法的趨向，如果今天詢問各位要求什麼灌頂？是事部的觀世音灌頂或是無上瑜伽部的喜金剛灌頂？我想，「接受喜金剛灌頂」是一般人最可能的回答。

＊密乘在台普傳之流弊及對治方法

問：現在，常常有很多仁波切來台，而灌頂法會也相當頻繁。事實上，這些仁波切也許根本就不認識弟子是誰，在戒律上來說，上師對弟子不是應有清楚的了解嗎？為什麼現在會如此呢？

答：我並不了解他們為什麼會這樣做，但這樣做是不對的，至於說他們為什麼會如此，只好去問當事人了；信徒是應先研習經論並仔細觀察上師的。

但如果說每位上師都像我一樣，經常批評別人這個不對、那個不好，說你們一定要仔細觀察上師，那究竟要觀察多久才能受法？如果一定要有這樣的要求，就（則）沒有人敢修學金剛乘了，因為大家都不願過苦日子。對我個人而言，我希望盡量給予開示而避免給人灌頂；但通常開示時，來的信徒就很少，而灌頂時就有兩、三倍的人前來。尤其一些年紀比較大的人，對他們而言，所謂學佛，好像只是學供桌上的供杯要如何放、怎麼打坐、唸什麼咒、要怎麼唸……等而已，如果向他們開示的話，他們當場就睡著了。

對這樣的情形，便只好給他們灌頂，在灌頂中向他們說法，也許是一個比較好的方式。在這次（一九八七年十二月）十天的教授，法會中有很多年輕人都蠻實際的，我很喜歡。有些人具備大乘的基礎，我覺得很好；有些是金剛乘的弟子，其中當然也有不錯的，但優秀的不多。很多密乘弟子把金剛乘當成占卜看相的工具，金剛乘在他們的手中變得非常狹隘。尤其是很多年紀大的人，好像修得很好，但他們並不在乎怎麼修學、怎麼了解，他們只在乎怎麼唸咒；當然如果他們很有信心，這樣做也還不錯！

我認為年紀大的人也應該影響年輕人多從事佛學研究，如果年紀大的人不影響他們，年紀輕的人受益就有限。

問：如果這些人對金剛乘並不是有很深的了解再來學習的話，是否說這些人根本就不適合修金剛乘？

答：當然，你講的也對，但如果他們已經來了，我們也不能放著他們不管，因為他們也是眾生啊！既然我們強調發菩提心，要利益眾生，而他們既然來了，就不能把他們趕走。我應該要做的是教授他們佛法，請他們仔細研習佛法，然後好好修行。

＊離開概念，無死虹光身即身體的實相

問：無死虹光身如何證得？

答：有各種不同的方法，如修六波羅蜜、十波羅蜜或金剛乘的方法都可以。什麼叫波羅蜜呢？就是到達彼岸、超越的意思，當你超越以後，當然你就無死。

問：虹光身化光的次第如何？從那一部分開始化光？

答：不是這樣子的，前面說的虹光身是超越我們一般的概念，可以說是我們身體的實相。其實在大乘也談到，唯一不同的就是一般大乘是因乘，以因為主，所以他們並不這樣講。

實際上，現在你也在化光，你身體的實相就是空和明。《心經》「色不異空，空不異色；色即是空，空即是色」，這就是虹光身啊！

問：那麼像蓮花生大士的虹光身照片，為什麼是從臍輪化出一個光輪？

答：這是畫家的概念。同樣地，這樣做是為了吸引眾生，當然這也是好辦法。也許現在應該把它變成可見的光電影片，在很多戲院上映。我們以為是真的，事實上那只不過是畫者的概念，

他的概念是希望用畫來吸引人學佛，並不表示那就一定是，或一定不是，並不是說畫上從臍輪開始，就一定從臍輪開始，那都只是我們的概念。

＊寧瑪、薩迦、格魯三派大圓滿見地的不同

問：大圓滿、大手印、道果的見地有何不同？

答：這些都是不同的名字，以及它們趨入見地的方法可能有所不同。舉例來說，大圓滿的教授是為最上根的人而準備，而道果教授的對象是最上根及資質不錯的弟子。像道果教授中提到的四個共加行，有所謂三種見地或現觀，第一種見地是不淨見地；但在大圓滿，則從來不談這些，他們只提佛的境界是什麼樣子。而道果，卻先談前面的各種見地，然後再談最後的果；大圓滿卻（則）只談最後的果位，不太談前面的各種見地。像道果中有頂禮上師傳承、禮敬喜金剛等說法；雖然大圓滿中也有禮敬，但禮敬的方式完全不同，而說自己就是普賢王如來，如果真的能知道、證到這一點，就是最偉大的禮敬。大手印主要是談明，也談空。所以儘管大手印、大圓滿、道果見地它們的名字都不一樣，其實究竟目的皆是相同的。

問：他們在修法上是否一致？

答：有一點不一樣，像薩迦派也許會告訴你，去找找看你的心是什麼？而寧瑪派則會叫你去研究一下，心的實相是什麼？事實上這兩個意思是一樣的。當然也有點不同，因為有些人喜歡想他的心是怎樣的，而不喜歡想心的實相是什麼。

問：格魯派的見地是什麼？

答：不執二邊。

問：格魯和薩迦、寧瑪為什麼有些辯論呢？

答：在格魯和薩迦本身，為了要增加彼此的了解，所以有時會辯論，但並不是那麼重要。

薩迦派認為，修行不需另外創造出一個空性來，但格魯派，則強調在修行或修定時，應該要摧毀分別見地，造出空性；這是薩迦和格魯主要的不同。

寧瑪和薩迦之間，沒什麼文獻記載的辯論，但他們在發展空性見地上，有所謂「自空見」和「他空見」之不同。如果以自空和他空來說，多半格魯派是自空見；竹巴噶舉也是自空見；噶瑪噶舉是他空見；薩迦派有的持他空見，如薩迦秋登，另一個薩迦派學者叫國燃巴，這個人是持自空見；很多寧瑪派持他空見。所謂「自空見」是說佛性本來是空；「他空見」是說佛性本身不空，但對無明來說他是空的。其實這些話可以說是一種無意義的辯論。

直貢噶舉派和薩迦派在戒律這方面也是有點辯論。其中直貢派大師說，比丘戒是屬心戒，一直到破戒才會消失。不過這都只是遊戲，他們所有見地都是好的，只不過是趨入的方法不同。一個會讀書的人，如果讀到這些見地，讀得愈多信心反而愈強，因為這些見地都很好，可以使你了解佛法；對一個不良的讀者而言，當然也會增加他的貪、瞋、癡。

＊深層的密法唯實證者能生起覺受

問：像傳承或者是上師自己證到的境界，這是我們根本無法看到的，那麼如何判斷、選擇有資格的上師呢？

答：使你見到自己本性的人，就是你的上師。像密勒日巴，起初在寧瑪派的大圓滿成就者那裡學法，接受了很多灌頂，但毫無覺受生起，他的上師便建議他到瑪爾巴譯師那兒學法，當他一聽到瑪爾巴的名字，全身立刻生起特殊的覺受。

問：如果已經如實趨入中脈、煙等十項如實現證，無修覺受自在生起，如何圓滿一味、生起無生法忍、般若自在、大悲如幻六道？

答：對不起，這是祕密，我不能告訴你。

問：如果密法有一些是祕密的話，那為什麼很多人都公開普傳呢？

答：我也不懂，但對頂果欽哲仁波切、敦珠法王、薩迦崔津法王、大寶法王、達賴喇嘛，我相信他們知道，因為這幾位都是大菩薩，他們當然知道弟子中有什麼根器的人。但別人是把佛法當做生意一樣，以示與眾不同，他們不知佛教哲學為何，又沒有別的東西可教，而教這些的確比較容易，一般人也比較想學，而且可得到好的名聲！

（之二，一九八八年十月二十五日）

問：可否請您說明三寶的含意？

答：一般而言，佛就是已成正覺、功德圓滿、圓滿一切佛之特質，並清淨一切（譬如由無明而起之染污的人。

當然啦！佛的定義有許多種，有很多不同的角度來認定佛是什麼？以及如何使人成佛？我們可看到佛教中有許多派別，如小乘：釋迦牟尼佛在菩提迦耶誕生到此世間，事實上佛和我們眾生的誕生一樣，但他遇到老師，並從他的老師那接受教法，且加以修習、克服許多障礙，最後終於在菩提迦耶成等正覺；當他在釋迦族時，身為悉達多太子，那時他尚未成佛，仍然是個菩薩，此後經六年苦修，到達菩提迦耶時始成正覺。接著是大乘：他們的定義有點不同，認為釋迦牟尼佛早已成佛，但他是一個象徵，真正的佛是法身，釋迦牟尼所做的便是示現給眾生看，示現成佛給眾生看，並且示出成佛之道，以使眾生了解，因為痴愚的眾生很難真正了解佛是什麼。

什麼才是真正的佛？也許我們等一下會談到，但真正的佛是超乎我們的概念之外，是很難讓每一個眾生都了解到的。因此需要化身，化身佛使人們看到時有信心，如果沒有信心，佛只是一個歷史人物罷了！化身佛事實上早已成佛，他只是來示現的。

問：什麼是金剛乘中佛的表現法呢？

答：跟大乘佛教幾乎相似，他們也認為釋迦牟尼只是來示現的，事實上他早已成佛。

我們剛說到三寶？（對。）法，這個字在梵文中的意義有很多，簡單的說是去持有、保護的意思，這兩個定義現今被佛教徒所引用。一般而言，法有兩種：教授的法和了悟的法；法對許多人來說，像是一本書或佛的教授，這沒有錯，但真正的佛法並不是一種知識、語言或概念性的文章，而是我們生命的實相、現象的實相和事實，生命的真理、來世的真理和現象的真理，因為我們關切的是現在生命是什麼？未來生命是什麼？存在的意義是什麼？甚至我們常不自覺地尋問這些問題。為了回答諸如此類的問題，許多偶像論者、哲學家都在努力，佛教亦同。所以也許可說真正的「法」就是趨近實相的方法；或者說「法」就是實相，而佛所說的就是方法，依之便可向諸法實相趨近。

常有人以為佛教徒必須崇拜佛，擺設佛像然後崇拜他，這有些不正確，其實他們並不是因佛擁有權力、超自然力等而向他崇拜；在佛教中我們有佛像或佛相，向其表示敬仰甚至供養他，是因為我們尊敬他的教法，如果我們思惟他的教法，可藉之得到喜悅或成正覺，正如我們敬重優秀的顧問，因為他給予好的忠告，所以得到我們敬重，而為了表示我們對佛的敬重，因此我們皈依他。

現在再談到「法」，一般說來，佛陀所給予的教法超過八萬四千法門，這就是我們所說許多佛經的來源。這些教法可分為大乘和小乘兩部分，再細分的話，大乘中仍可分為兩種教法：一種教法較強調「因」，由因地起修以至證果；另一種則較傾向於「果地」上。前者我們一般稱為大乘，後者稱為金剛乘，因為它較多提及果地本身；在大乘中我們修行六度圓滿（圓滿六波羅蜜），然後成正覺，但金剛乘中說到你已經是佛了，唯一需要做的事便是認得他，這是因地和果地起修之不同。

問：再談談僧寶吧？

答：僧侶是法的實修者，僧伽分為許多種，一般來說，大部分的小乘行者認為僧伽是受過出家戒的人，如和尚和尼姑；但金剛乘中則不僅如此，僧伽也可能是在家修行者，只要任何為眾生工作而依慈悲心、志求佛果的想法來幫助眾生的人，就是僧伽；當然僧伽可分很多層次，依其智慧、悲心之圓滿程度而分。

*上師的重要性

問：眾所周知，上師在金剛乘中十分重要，可否請您解釋其重要性何在？

答：Guru這是梵文，意為老師。我們不論做什麼事都需要老師，需要建言。如你所說，金剛乘中很強調上師，甚至對弟子而言，其重要性超越一切諸佛之上，這是有道理的。即使千佛出世而未得值佛，但佛陀教法依眾生之所處環境，所能接受程度而教，因此對弟子（學生）而言，上師的慈悲超越一切諸佛。

但是在此摩登時代，對上師的信心、奉獻等概念並不易被接受，因為每個人都被教導要準備獨立，並且我們的環境和社會也必須如此做，自然地我們想獨立，太多的環境使我們獨立，過民主的生活，沒有人想依賴別人，沒有人願意由上師來決定弟子的命運。但無論我們多麼想要獨立而不願順從，但我們總是在接受別人的命令，你看我們的家庭導致命令的出現，欲從別人的身上尋找實相，所以我說我們常依賴他人，雖然我們想要結束依賴而獨立，但不論你是誰，總是依賴別人，即使你有許多機械常識、你的國家是超級強權，你仍然依賴別人、別的國家、別的社會。

現在人們非常熟知佛陀告訴了我們一些在生活中可採行的事，在此人們用各種方式依賴時，我們何不依賴一個能給你精神導引，告訴你生命道路、慈悲和圓滿覺悟的人，這比依賴教你一些不恰當的觀念，令你不自覺地痛苦的人好，這就是為什麼我們在各派的修行，內在的成長上，上師都很重要的原因。

事實上在許多顯宗的經典中說到：「自己的智慧便是自己最好的老師，沒有人可為你做決定。」但我們可看到，我們的智慧非常無知，並不以上述的方式運作，而無知却成為問題，因此我們需要某些能訓育我們生命的人。

然而，在各方面，我們接受一個人或社會的號令，例如我們一起吃飯，有禮貌，這被認為是好的，一個紳士和淑女所應具備的，但我們並不一起上廁所，對吧？其實並沒有什麼真正的理由說我們不該（能）一起上廁所，我們既然一起吃飯，何不也一起上廁所呢？但我們並不如此做，是因為社會覺得這是不好的，如果你要與眾不同（特立獨行），則不會得到社會的信賴，自然地在今日社會中，我想做個紳士，你想做淑女，為了成為紳士和淑女，我們一起吃飯但不一起上廁所？看到沒，我們不自知地接受社會之法律和規定，而如此的規定其實並沒有什麼道理，法律或禮不禮貌是由社會或個人所制訂的，而我們相信它，並努力研讀和練習之。

問：我們如何尋找上師？一位好的上師必須具備那些特質？

答：這是個很有趣的問題，因為現在有很多人想要有一個好上師，並且成為一個人的弟子一定有一些儀式，像剪下一點頭髮、皈依等等，但什麼是真正重要的呢？就如同結婚、戀愛是兩回事一樣，結婚必須要有儀式，否則婚姻並不完全；但對戀愛來說，沒有人可說這是你將戀愛的人，沒有人可指引你戀愛，如果你遇見某人，你被自己的感覺所動，你就自然地戀愛了，為什麼呢？因為其中有過去世的連結，知覺上的連結。

上師也是如此，當你看到某位上師，你很喜歡他，他好像你的老師或精神上的伙伴一樣，那麼你自然地就會有信心；當他教導你時，無論他教導什麼，都使你了悟現象的實相，而進一步走向究竟覺悟，那麼這個人就是你的上師，無論有沒有儀式、他是不是仁波切或被認為是偉大的老師。但我們總是由廣告宣傳來引導意念，判斷他是否是偉大的老師，可是這並不表示他或她認為的偉大老師就是你的老師，其實真正可以給你一些話，使你了悟諸法實相或成等正覺的那個人，才是你的上師。

問：請問六道輪迴和業力的關係。

答：業是因，而結果或其影響便是六道輪迴，其中因善、惡業又分為下三道——地獄、餓鬼、畜生，上三道——天、人、阿修羅，業善乃因好的動機、行為，如讚歎別人很好等。

問：請問六道存在於哪裡呢？

答：在許多不同種的教法中有不同的說法，但一般人認為地獄是在我們所居住的地面下，在某些特定經典中提到地獄乃在於菩提迦耶的正下方，或在海下。然而並不是每個人都很聰明，很多人一直以為地獄是存在於特定的某個地方，但如果我們深入去探究的話，六道不是存在於一個什麼特定的地方，它是依你的所在而定。譬如你在哪裡做了某些惡業，便可能投生到地獄，在你死後並不需要離開這地面，也許在這屋子中你便有地獄的經歷，你並不需要到那裡去，你在的地方便是了。

曾經有一個教法說，地獄中的一天是人間的千年，當我們讀到此處時，可能會想說：我們在地獄一個月的話，人間已過了三萬年了。但這是很合邏輯的，因為有時我們很忙、很急或極度思惟一小時，會覺得已經過了一個月，覺得時間太慢了，由於你太專注了，因此時間似乎停止、變慢了，也可能是一年的時間轉眼過去。

問：可否請您談談西藏的轉世喇嘛？

答：喇嘛事實上是指很高的人，沒有比他更高的；但在西藏還有很多不同的術語稱呼，像仁波切、祖古等。祖古是指化身的意思，他們都源自法身的釋迦牟尼佛，祖古不一定是轉世的，他可能是任何一個佛、菩薩的化身。你剛提到的轉世仁波切或喇嘛，我不知道是不是只有西藏才有，但每個人都是自己過去世的轉世。

無論如何，在西藏有特定的轉世定義，為什麼呢？其目的乃在於西藏受佛教的影響深遠，佛法已成為西藏的一部分，他們做任何事，即使是走路都受影響，因此可見佛法對西藏的影響之大；而佛教的修行者、領導者，像一些大喇嘛、仁波切等，對西藏社會的影響太大了，所以當他們過世後，他們的學生，繼續找出他的轉世來助益有情眾生，也有一些是喇嘛自己想再來利益眾生的。因此在西藏，去認定一個轉世，他是某某佛菩薩或喇嘛的再來，是十分重要的事。

如果我們廣義地說，佛菩薩的化身是無處不在的，但這些並沒有被認定，像在西藏、台灣或其他任何地方，不同文化、語言、膚色的人都可能是佛菩薩慈悲示現來饒益有情，無論他們有沒有被認定。

問：人們對如何認定轉世的喇嘛十分好奇，可否請您談談？

答：有許多或大部分轉世喇嘛是由大修行者所認定出的，或是身為轉世者前生的弟子，也可認出這個人是不是他以前的上師。像噶瑪巴他的轉世一向是由他自己認出的，在他圓寂前，他寫下自己轉世家庭父母的名稱、年月日、特徵等等，十分清楚。例如十四世達賴喇嘛則是由他的上師認定的，他到特定的地方去修本尊法，然後到大黑天護法的一個特殊湖泊去，湖上有許多象徵符號使他觀察而了解，有時候這湖會有很清晰的指示；經過這些手續，終於找到第十三世達賴喇嘛的轉世者，然後再給他許多他上一世所用過的東西讓他選擇來確認。

而今天許多仁波切很容易就可認定出來，但利益眾生並不一定要被認定是轉世的。許多的總統、議員、國王不必被認定，就辛勤地為眾生謀福利，他們很可能就是佛菩薩的化身，但沒有被認出來，也沒有必要被認出來。佛法中說：即使是「佛教」這名也不十分重要，名稱引起了太多的問題，只要是能讓你了悟心的實相的道路，不管它是否稱為佛教都沒關係。

問：為什麼佛教中有這麼多的象徵呢？

答：象徵是非常重要的，因為輪迴的苦痛源自象徵，一切皆是象徵而非他物，像語言、溝通皆由象徵而來，而我們無時無刻不受到物質、精神上種種象徵的影響，也許用更多的象徵會更好。藉某種象徵上的專注，可以開啟我們的智慧。

象徵同樣也能從不同面貌中得到，你可發現不同國家社會中的文化和傳統，那是非常有趣的，因為佛法是因人而設，所以人們依自己的想法、現象而採用之。如供養之不同象徵，金剛乘中七供的水、水，前面是供佛喝的，後者是供佛洗腳的；供佛洗腳水對中國人來說可能聽起來很奇怪，自佛法源起印度，而印度傳統上有客人來時他們先取一盆水給客人洗腳。（註：印度人多不穿鞋，此舉類似中國給客人洗塵之風。）

問：壇城、曼達也是一種象徵嗎？

答：在金剛乘中運用了許多的象徵，在這許多的象徵中，圓形、循環最常被使用，因為它沒有起點也沒有終點、無始無終；而自心的實相也是無始無終的，故圓或循環是最重要的象徵；另外中心或中間也是重要象徵。

曼達也同時表示本尊所住的地方，其中有宮殿、土地和房屋。曼達有許多種意義，代表無始無終、中道。曼達拉是梵文，其中一個定義是循環，佛法中並不相信有所謂的最初起點和最後終點，而圓正可代表。中心也是曼達的一個象徵意義，它不執二邊。

在金剛乘中，我們用曼達來修法、灌頂，有沙做的、繪畫的，或觀想出的曼達。用沙做的或繪畫出的曼達是今日較常見的，但這兩種皆是外曼達，是外在可見的存在形態；但提到內曼達，也就是身曼達，就比較深了，你所修的一切本尊法，本尊並不是外在的實體存在，是你自心的開啟而現的。故實際上，佛陀便是發覺自己本性的人，而他所在的地方便稱為曼達，所以你可稱自己的身體是內曼達。

問：我們常聽到轉世這個術語，可否為我們解釋什麼是轉世再來的人呢？

答：如果我們不相信轉世，就不會有這麼多佛法，因為修法的最終目的便是求取正覺；但如果我們不能在此生達成這目標，我們仍可在下一世繼續嘗試，直至成佛為止。這是說明轉世的重要。但證明轉世是很困難的，因此令人難以信服，今日的科學仍不能證明轉世的有無，但事實上有許多的邏輯、哲學談到轉世，而我們相信轉世的一個重要原因是由於業力，在了解轉世之前，我們必得了解業力，否則非常困難去理解和接受轉世的觀念。

我們常自覺或無意識地想：是誰製造、創造了這個世界？不同的宗教有不同的回答，有的說是創造的、有的說是自然形成的……等；但佛教中並不認為神是一切的創造者，我們相信業力，而並非一個神控制了每一個人。業的意義是行動──身心的行動，也可說業是心的能量。「我想」或「我做任何事」都有他的動力，開顯出不同的經驗和結果，而貪、瞋、痴等之外顯結果，當然是不好的經驗，我們稱這經驗為地獄、餓鬼、畜生。

如果你有好的意圖、行為、發心，能量當然也是好的，於是投生到天、人、阿修羅道之中。為什麼我說要想解脫就要對「業」有相當的了解呢？你可看到，世界上有很多人工作很勤快，但什麼也沒有得到；而也有很多人不用工作便擁有一切，在邏輯上，工作愈多的人該得到的也愈多。但事實確不是如此，為什麼呢？一個人較辛勤工作為何會較貧窮呢？從佛法的業力來說，這一世的一切源於過去世的身心行為，所以現在的我們便是過去我們身心行為結果的呈現，我們這一世是過去世所做一切的結果所造。如果沒有業力的話，上述工作的例子不可能產生，因此業力，也就是心的力量十分重要。

一般說來，我們都是過去世的轉世，這並不表示我們現在以人類的狀態存在，過去也同樣以人類的狀態存在，我們的存在狀態乃決定於業力，事實上業力和自己是不可分的，那是由自己的心所產生的力量。你的過去世可能是狗、窮人等等，如果你積聚了善業或好的動機，便有好的結果，而現在的你並不一定是由那一世的業力所顯現。

很可笑的，有一些業力牽引我們，有一些業力使我們悲慘，善業可能和惡業相隨發生作用。這表示如果你過去積聚了惡業，你可能轉世為狗，但如果你過去也同時積聚了善業，而你的善業不如惡業多，所以你成為有錢人的寵物，比其他的狗幸福多了；也可能你出生在很有錢有勢的人家中做人，但卻是盲人或天生奇醜無比。由於我們相信業力的存在，因此也相信轉世的必然存在。而如果你不相信，修行的動力將大量減少。

問：一個人如果遇到不好的上師該怎麼辦？

答：一個人在選擇上師時就該非常小心，此時看看上師的上師是誰，是很重要的。我想，選擇上師時，一個人不該受到他人或廣告宣傳的影響，他對上師的了解應該要比廣告多的多，這是極重要的。此後如果不幸地由於自己的惡業或願力而遇到了不好的上師，而且也從他那接受了一些教法，依照金剛乘的規矩，這個人已成為了你的上師，你必須尊重和擁有信心；此時你了解了一些事情，使你不再覺得他有什麼好，你唯一能做的就是技巧性的放棄此類上師，這將不會傷害到你或其他眾生。

在大乘佛教的修行中，幫助眾生是最重要的，而不只是要自己成佛而已，由於你遇到不好的上師將會阻礙你去真實地利益眾生，所以我想一個人要技巧性地遠離不好的上師，同時一個人也不要因此忿怒，因為是你自己選擇到這不好的上師，所以不要抱怨。

問：但如果一個人對上師已經失去信心且十分忿怒呢？

答：我已經說過，你可以喪失你的信心，但不可陷入瞋恨中。喪失信心並不表示你就可起瞋恨心。佛法的修行者對敵人都不可起瞋恨心了，更何況是上師。

問：請略述金剛乘和密乘之不同，與金剛乘之涵義？

答：事實上，我們說金剛乘或密乘幾乎是一樣的。密乘是密續的一般稱呼，密續是祕密的教法，而乘是載的意思，密乘這個字同樣在印度教中也可以看到，他們也有密乘的修持法。但金剛乘是特別僅指佛教的修行法，所以我們說金剛乘時，包括了密乘，但我們說密乘、密宗時却不一定是指金剛乘。

金剛乘有許多譯意，如密宗的神祕、不可改變的本質等，但無論如何，它是指一種不可動搖的東西，有些人認為是輪迴的本質；但事實上是指心的本性，這不是意識可覺知到的，是一切外在所不可毀壞的，是自性的自身。而乘是車輛的意思，由於金剛乘所提到的是心的本性，那不可分離的自性，所以稱為金剛乘。

密是指祕密的修持，事實上全部金剛乘的修持是極為祕密的，其祕密的原因並不是由於有一些丟臉、令人窘迫的情形才要保密；而是像黃金、鑽石這樣珍貴的東西，我們不會拿著到處展示，到超級市場之類的地方去，因為那樣可能會被偷、搶，如果被偷了，而那人又不知道什麼是鑽石、黃金的話，他們將誤用它，使它一點用處也沒有，但如果有人真的知道如何運用的話，他們將可得到大利益。

因此金剛乘的教法十分珍貴，我們必須將它妥善密存，否則將為一些不夠格的人所誤用。密續十分地珍貴，所以要保密，這也是它所以稱密的原因。

問：可否更仔細地解釋密宗、密乘的內容？

答：密宗的定義是連續性的，這個連續性我想在金剛乘中是很特別的。在金剛乘中有三種連續，也就是根、道、果的連續，這三個是金剛乘中十分重要的重點。

根是種子，一個人如果被淨化，在將來就可成佛。我們想到我們是染污的，無明的染污產生了我們的貪、嗔，由此衍生出種種相續，所以稱為「地」或「根」。而我們藉種種方便法來淨除貪、嗔，這個根在修行上十分重要，因為他就像修行者自身，為了要在清淨的大地或根上積聚功德，要繼續下去——即稱為道。在金剛乘中有種種不同的道，分為不同的程度，種種禪定的境界，這便是道的連續；任何想要淨化此大地、積聚功德，設計或發心於此大地、根的人，在此積聚功德，直至最後終於完成、達成淨化、摧毀一切障礙者，也就是圓滿成等正覺者稱為果。

問：為何稱連續、相續呢？

答：在金剛乘中，如果你淨化這地或積聚功德於此，直至成佛，事實上佛果並不是在此地、此根之外的，所以你到達的是根的自性，整個的修持是在於回歸自性；這工作無始無終、永不停止，並不是有某個目的地可到達，所以我們所能對它的最好稱呼便是相續、連續。

問：什麼是灌頂的意義？

答：金剛乘的灌頂，其梵文叫阿比屑卡，事實上這是非常重要的問題，因為我知道這兒的人從許多不同的上師那得到灌頂。在金剛乘中，灌頂是最重要的行為、方法之一，去了解灌頂中到底發生什麼事、灌頂的理論依據，和灌頂中的種種觀想，這些觀想中有許多教法包含其中，並不僅是普通的圖片而已，而是灌頂之主要部分。對弟子和上師而言，觀想都十分重要，同時對傳承也很重要。

問：誰有資格給予灌頂呢？

答：一位具德的上師必須要有絲毫無損的完整傳承，和給予灌頂所需具備的種種特質，如完整傳承、無漏的修持——對於將給予灌頂之本尊，還要有慈悲心，因為他可能會遇到種種不同的學生，基本的條件是：上師需完整無漏地修持過任何一種高級密法。如我所說，人們到某處去接受某些上師的灌頂，喝了點水，吃了一些東西，然後回家，也許學了一些咒，但通常還是不知道發生了什麼事，我不認為這會有什麼效用，也許可得到一點加持，反正只要有信心，隨時都有加持的。我不知道學生得到了多少真正的灌頂。

問：灌頂的方法是什麼？

答：在灌頂中，你可發現許多種不同的方便，像喝、吃許多東西，拿許多東西放在你的頭上或心臟，而這些都是有原因的。金剛乘中充滿了物質象徵，但這是佛陀為了心喜眾多物質的眾生，所開的方便，像水或灌頂中你喝的一些東西，是因我們喝水乃表示淨除的意思，雖然日常中有時拿來解渴，但用在除垢比較多。

所以金剛乘中引申之，用咒使水有強大的加持力、觀想成本尊的甘露，或加上更深的哲理。

如水對魚來說，並不只是水，雖然我不知道魚的想法，但他們可能認為水是可以喝、可以睡、可以住的；但對人來說，水是用來洗和喝的。那一個說的才是真實的呢？沒有人能決定，即使在小乘教法中，也認為水的實質是空的，由於水的實質是空的，我們有不只一個理由將之用在灌頂中。對不同的對象而言，水可以是家或淨化用，但水本身並沒有實在的本體，在金剛乘中便用來做淨除罪業的方便，因為佛陀說過，一切現象因環境而生，而一切環境乃由心生。佛陀的根本教法便是去達到我們心的實體，那是一切萬物的主宰，所以金剛乘灌頂中你可 發現水或其他東西，如咒和手印及種種觀想。

問：為何觀想的力量如此強大？

答：這有許多原因。其實人都一直在觀看，像看著地，但我們為何不稱為觀想，因為我們習慣將地看為實有的，真實存在的，這是真實、可觸摸到的，所以不叫觀想；又如敵人，我們習慣以為是外在的，而沒有想到是來自內心的嗔恨，所以當有人說摧毀敵人多麼困難，這是由於不能了解敵我是由嗔恨心相對而生的。由於我們平時已有觀想的習慣，所以金剛乘中也藉之以為方便，因為人們一直在觀想，那麼何不教一些有意義，能得到結果的觀想，如觀世音菩薩的觀想，藉此來發展一個人的大悲心，慈愛等。

問：咒的意義為何？

答：咒有許多意義，最簡單來說，咒是循環，主要原因是：一般現象也許可劃分出暫時的始和終，但事實上是無始無終故此稱之。咒也有中心的意義，那是指本尊的房子，本尊所在之處，土地之義。

問：佛法的老師為了除去身體的慾求，所以修雙身法，但會不會有些弟子誤用此法呢？

答：是的，有許多人都誤用了。事實上金剛乘中行方便道的問題，有許多人認為是受了印度教的影響，這個爭論老早就有了；但以我自己的經驗來說，雙身是一個很深奧的哲理，沒有提到性行為，也沒有提到事業手印自身。

很久以來，我們就結合聯想了許多東西，男生和女生的結合、善與惡的結合、笑和醜聯想在一起。而金剛乘的教法，認為他們在實相、本體上，是沒有分別、沒有不同的，是不可分別的；在究竟實相中，一切事均都是平等的、空的狀態，同樣的純淨，這是最初最原始的結合。而為了使人們了解，我們必須用點計策說，是的，有一些東西是可結合的，所以先讓人們談論到結合、修身，然後再使他們了解結合、雙修的原始狀態和意義。

正如你所說的，人們可能會誤解它，認為這類教法是教人去貪，似乎這種教法是很世俗的，但佛陀的教法種類有許多，有一些施教重點在於身心之間的關係。當佛的教法是直接的可對人產生效用時，是較好的，像出家成為僧侶，是解決貪欲的一個最好建議之一；但這裡有太多太多的眾生，在這許多人中，有多少人可成為僧侶呢？百萬人嗎？對他們來說，出家作和尚實在太困難了，即使那樣做並不困難，但要他們放棄美滿的家庭、漂亮的女朋友，對他們來說是太困難了。所以我們就不理他們了嗎？一位菩薩道行者絕不會放棄任何一個人的，即使他們不聽你的話、不想出家作和尚，或根本不接受這樣的看法，但我們必須用一點不同的方法去協助他們解脫。所以我們說：好吧！你仍然可以做個一般在家人，但依照這方法仍可成等正覺。

我這便有個真實故事，有一個小乘佛教的僧侶，在靜坐上的功夫很是了得。你知道，他們有個誓願的目的，便是不迷失在世俗的喜惡中。而這個特殊的僧侶在白骨觀上有很好的成效。由於僧侶是不能對異性有慾求的，為了與貪欲、慾求分離，因此他們觀想人的醜陋、污穢，而這個僧侶在這一方面做得非常好，以此聞名。

有一天文殊師利菩薩想考驗一下這個和尚的禪修功夫到底好不好，他化成一位非常漂亮的女生，來到這個和尚的住處，以種種嫵媚的動作來考驗這和尚的定力。起初這個和尚絲毫不為所動，但漸漸地，由於這位女孩子的挑戰太大了——這是來自文殊師利菩薩的挑戰，文殊師利菩薩充滿智慧、洞悉人心，因此這個和尚的定力漸漸不敵誘惑，最後他乾脆逃跑，而這位美女在後緊追不捨。和尚實在累得跑不動了，於是兩眼一閉，往地上一坐，心想：完蛋了！但此時什麼事也沒發生。於是他睜眼來看，這美女突然破裂成無數碎片，文殊師利菩薩現出莊嚴法相，說道：你的白骨觀修得很好，但你把別人認為是美的這個概念，會導致你輪迴痛苦；如果你把別人當作是醜的，那仍然是個概念，這概念會使你無法覺悟，因此你需要做空性的禪修，這才能使你覺悟。

這是一個大乘佛教的故事，藉之我們可以了解，即使在大乘中，一切現象都是空的，包括貪欲和慾求的對象，一切的本質皆是空性；而在金剛乘中認為，一切既然是空的，也就沒有什麼東西可放棄、該放棄，沒有壞的東西要拋棄，也沒有好的東西要掌握，因為一切都是平等的、空性的，這就是最高深的結合、雙運之見解。男與女的雙運、好與壞的雙運，最究竟的雙運是輪迴、涅槃的雙運，藉此二者的雙運，可成正覺，為什麼呢？因為並沒有輪迴實體的存在。

這個房間如果很暗、地上有一細繩子，有人進來時可能認為那是蛇，那是由於一種習慣的思惟形態，他可能因此而感到驚怖，甚至可能被嚇死。你看，這就像輪迴一樣，其實根本沒有痛苦、天堂、餓鬼、地獄的存在，但它依然能污染人們，使人驚怖，使眾生痛苦；如果那個進入黑暗房間的人能認出那是一條繩子而不是蛇，他便離開了可能的痛苦。但他該如何做呢？離開那房間嗎？不，那也是錯誤的方式。因為最初當他在光線下的時候，並沒有蛇的存在、沒有蛇的行動、出現；同理來看，並沒有輪迴可厭離，也沒有涅槃可得證，二者都不存在，有輪迴才有相對的涅槃。當你了解了輪迴的本質，輪迴便不存在、不痛苦了，這便是輪迴與涅槃的雙運。

在這樣的基礎上去看，欲望也可藉之從中修持的，因為貪欲的本質也是空的。在金剛乘中，並不是教你如何在欲望行為修持、或在實際的性行為中修持，而是教你去認識什麼是欲望的本質，去了解貪、瞋、痴的本質是很重要的。如此的發展正如摧毀敵人般，如果你在戰爭中，你必須去摧毀敵人，但首先你必須去了解，誰是你的敵人？你不知道什麼是敵人時，你要去摧毀什麼呢？所以當我們思惟什麼是貪欲、什麼是瞋恨、忿怒時，當你真的深思時，你會發現，它們是空性的而沒有實體存在。

問：什麼是空性？

答：「空」是佛法中的根本哲理之一，但許多人對「空」有錯誤的認識，以為空是「沒有」或是指某種空間而言，但其實不然；當我們提到「空」，是指能量或其潛在性。舉例而言，當我們看到一個人時，我們可以看到他非常漂亮，但同時有人會覺得他很醜，在同一個客體上有兩種現象產生。如果我們看一百個客體，可能有一百種現象，對吧？但美或醜存在於哪裡呢？是在這裡或在那裡呢？客體可延展出美和醜的問題，但美和醜是潛在的，是看的人自己的想法，因為客體可被視為美的、醜的或其他任何的一切，因此無論大的、小的、男人、女人都只是概念罷了。你一定聽過在某些顯宗佛經上說：我向諸佛祈請、向諸佛頂禮，向能將千百億化身、無量等虛空物同時存在一芥子上的佛陀頂禮，向能將十方化為一方的諸佛頂禮、祈請。

對於不相信的人來說，似乎是不可能的，或認為說，那是佛才能做到的，而不是我們凡夫俗子可做到的。而這樣的句子中有多種涵意，但不在說一個超自然或超人的事，這是在說明：

現象的本質中，沒有所謂大或小的；你說這是小的，別人可拿一個更小的來告訴你，原來那個小的是大的。由此可知，小和大是一種概念，並沒有真正所謂的大和小存在，而是我們有大和小的分別與執著，所以我們常被自己的理念所鎖住、限制住。

你知道密勒日巴的故事嗎？他是西藏的大聖者，他的弟子惹瓊巴有一次從印度學習了一大堆東西回來，密勒日巴去接他，途中惹瓊巴談到道果的教法，他吹噓自己學了多少又是多少。突然間一塊大石落下，密勒日巴瞬間躲入一個牛角中，他的身體沒有變小，而牛角也沒有變大，但牛角在密勒日巴身體之外，密勒日巴的全身卻在牛角之內，然後他唱喝道：「如果你真正了知什麼是實相、什麼不是，那麼請進來吧！這裡還有一些空間。」大和小僅是概念上的啊！是我們所執著的。

現在什麼是雙運的目的呢？就是摧破這些概念，男、女，好、壞……之類，所以我們需要修雙運。但雙運的修行者，非常少人能真正接受到，因為那是非常祕密、稀有珍貴而有危險又困難；密法的修行者猶如竹子上的蛇一樣，只有上和下兩條路，這個修法充滿了危險和困難，一定要是很好的修法者才行。

問：可否請您順便說明西藏喇嘛訓練徒弟的情形？一共有多少步驟呢？

答：我想，訓練徒弟是最困難的事情之一，這要花費很長的時間；而弟子要有無比的信心，不要有任何的鼓勵，如果你想成佛你就做，有許多的故事都在說明這個，像前面說的密勒日巴，想想看他在瑪爾巴上師處修學的事情，他起初沒有學到任何法，只是一直在幫瑪爾巴蓋房子而已。即使我們沒有那樣的故事在今日發生，但修法的練習在今日仍十分艱辛，我想這同時也是意義深遠的。為什麼要開始去修行呢？佛法只有在你去實際修行的時候才能了悟到，你不可能只研讀佛法就真正了知佛法，只有實際修行才能了知。

問：您曾到過台灣很多次，並停留了一段不短的時間，請問您對此地修行者的看法如何？

答：雖然我到過這裡很多次，但對此地的修行者所知有限，我所遇到的只是密宗的行者而已，所以我不知道其他宗派的情形。但我想，無論他們修的是小乘、大乘或金剛乘都沒關係，無疑的他們需要的是好的老師或指導者——在他們做任何事情時，我想要有一個好的老師，你必須跟他在一起，對他有信心。在這方面，這裡的人發現一個老師時，就去問他一些問題，看看他如何回答，如此幾次後，又再到別的老師那去，繼續不斷換老師、上師，永無止境。因為每一個老師有他獨到的方法，能給你不同的意見，但也會給你更大的疑惑。

現在當我教學時，我遇到兩種聽眾，首先是已了知基礎的大乘教法的人，然後如果他們對金剛乘有興趣的話，我再教他們；而另外某些聽眾則是接觸到金剛乘——由於相信喇嘛的大力量、咒語、可致富的魔力而來。對這些被此類廣告宣傳所吸引的人而言，我較喜歡前一種人，因為他們對菩提心有較好的了解，而這在金剛乘的修行中十分重要。我實在不知道可提供什麼特別的意見，但無疑的，無論你修什麼，你需要好的老師，並且不要只聽信廣告宣傳，一旦你找到了一個或甚至兩個老師也可以，要隨侍在側、跟著學習。

我想不只在台灣，即使在西方國家也一樣，人們運用佛法來建立此生的幸福，很多人為了長壽去接受長壽佛的灌頂等等，這是很令人傷心的。因為從佛法來說，它是為了成佛，為了在未來能解脫輪迴之苦成正覺的；而現在人們對成佛、解脫痛苦似乎一點也沒興趣了，他們想要的是權力、財富、地位、成功、名聲，所以他們修財神法，想要財神法的灌頂，為了求取權勢又要大黑天的灌頂。

如果你是因為這些才去修法，我想你完全的誤用了，了解嗎？如果僅是為了此生的一切，有太多的高明辦法去得到，佛法恐怕是其中最差的方法了，佛法是對此生、此世界的再認識，藉此去幫助一切有情。這不只是台灣人、你或我，而是一切佛教徒由慈悲心所現的，我想這十分重要，因為佛法中一再提到慈悲心，但我想，有多少修行者有大菩提心呢？想想看有多少人在非洲正面臨死亡、痛苦，但卻沒有任何一個佛教徒到那裡去實際幫助他們，給他們食物、水、衣服……真是太丟臉了，但卻有無數的基督徒到那兒去濟助難民。

如果我們看到乞丐、老人、有困難的人，我們可能看都不看他們一眼，如果因為一點點的慈悲心看一下他們，我們所做的一切也僅是為他們祈禱；即使你有能力去實際幫助他們，但因為要花費自己的東西，所以我們永遠只是口頭上說慈悲心而已。我想口頭上的大菩提心絕對是不夠的，我們一定要有實際的行動，像基督徒一樣地去幫助別人。有時候我們以為他們比較有錢，但這不是富或貧的問題，即使你真的很貧窮，也能有限的幫助別人，無論你擁有多少，你基於菩提心真正去做了，你就是真正的佛教徒。

問：在西藏有很多不同的派別，可否請您談談相關的事情？

答：西藏有薩迦巴、格魯巴、噶舉巴、寧瑪巴和苯波等派，事實上以前西藏共有八大派，但現今有一些派別已經融入其他派中而不獨立存在了，像香巴噶舉融入於薩迦派之中、噶當派融入格魯派之中等等。

問：第一世宗薩欽哲仁波切曾發起「利美」運動，可否請仁波切談談其內容。

答：我將它稱為不分宗派運動，就像合眾國那樣不可分離的關係。它從來沒有成功過，但每個人都愈來愈從執著派系至不分派的傾向，我想我的第一世的不分宗派運動，已逐漸為人所接受其觀念。

問：人們常提到雙修法，但什麼是雙修法呢？

答：佛的一個稱號叫正遍知，正遍知並不表示你要把所有的東西都讀完，在實相中也沒有什麼所有的東西，一切即一，這個修法只是讓你了解這個自然狀態的一個方法。

問：在雙修法中，會不會太強調了貪欲，而有些人誤用了它呢？

答：是的，這是一個問題。一切佛陀的教法都能令人簡易地了知，即使在小乘教法中，也沒提到雙運、雙修的問題。但這個方法雖然很容易讓人誤用，卻也不是太令人驚訝的事，因為它是蘊含極深理的，也是比較有效的教法。為何比較有效呢？因為它跟人的生命是緊密相關的。

問：您已來過台灣多次，也停留了不短的時間了，您對台灣佛教徒的看法如何呢？

答：我想他們不該成為佛教的盲信、狂熱者，也不要變成鍊金術士。當你太盲信時，會失去了平衡；當你不平衡時，是很難了解實相的。

（之三：一九八八年十一月十四日）

問：我們常談到善業和惡業，什麼是善業的意義呢？

答：有好的意圖。當我們做任何事情時有好的行為，明顯地會給我們帶來好的結果。同樣，如果你有不好的意圖、動機，將為你帶來不好的結果，使你體驗到地獄，或種種不好的事。動機對業力來說，對行為的結果有很大的影響，它決定了業力的好壞。

問：六道輪迴和業力的關係是什麼呢？

答：我們在先前已經談到原因和結果，雖然業力可能有並不導致任何結果的情形，但六道輪迴的不同經驗，乃由不同的業力所致。譬如人身是由善業和惡業二者所致，幸福的人是由於較多的善業，而不幸福快樂的人乃因其惡業；同樣地，其他道的情形也是如此，由業之結果所致。

問：可否談談西藏轉世的上師呢？

答：有很多轉世的人，事實上每個人都是自己過去世的轉世，但有一些特殊定義的轉世者在西藏，是仁波切、喇嘛或祖古，他們被定義為某些特殊人物的轉世，一些大師的轉世。認定這種轉世者的目的在於，偉大上師的弟子們，希望他們能繼續地來饒益眾生，或喇嘛本身希望能繼續修行來幫助有情，或是喇嘛、菩薩們想以某個特定形象去助人，所以在西藏有很多的轉世者被認定。

但無論你有沒有被認定，都不是問題，重要的是繼續幫助眾生的菩薩誓願，而幫助眾生並不一定要被認定為仁波切、喇嘛或什麼職位才行，一位好的總統、國王，他們也可能是菩薩的化身，因為他們正在為整個社會而工作。

問：西藏有許多不同的派別，可否請仁波切談談？

答：所有的佛法傳承、修行方法都來自印度，西藏本來是沒有佛法這種東西的，直到赤松德貞藏王時才將佛法介紹到西藏；他也邀請了蓮花生大士等諸印度聖人來西藏，他是西藏佛法的引入與建基者，他對不同傳承的上師都十分親切。許多西藏人也到印度去向很多聖人學法，當他們回到西藏時，便形成了不同的傳承，這是西藏傳承的起源。

其中我們所稱為寧瑪巴的舊派是由蓮花生大士所傳下，是最古老的一派。事實上寧瑪就是舊的意思，現今由頂果欽哲仁波切為此派領袖。接著是由許多西藏學者到印度求法回來後所建立的派別，像瑪爾巴從那洛巴那學法，將他的傳承傳予密勒日巴，此後演變為噶舉巴派。事實上噶舉派又分為四大派八小派，另外有香巴噶舉派。而由卓爾大譯師等西藏聖者到印度從那洛巴、唯魯巴、迦耶多羅等印度大成就者處學法，後來形成了薩迦派，這派在西藏流傳很廣，也曾一度統治全西藏，薩迦派是元朝的國教。再來是格魯巴派的傳承，他並不是直接由印度傳下來，其傳承是間接由阿底峽和噶當派傳承及薩迦派傳承來的。宗喀巴在尚未建立格魯派前是一名薩迦派僧侶，後來他自己了悟了特別的方法，因此創立了格魯派。

所有這些不同的傳承，儘管對實相的所持見解和趨入方法不同，他們都同意偉大的空義和究竟佛果，僅在方法和行為上有一點點不同。任何一個成佛的人將他成佛的方法教予他的學生，每個人的經驗總是和別人有所不同，而後來的人將這些東西形成不同派別，這就是四派的由來。但其實不該叫做派別，稱做四種不同方法倒比較恰當。在歷史上曾有八種派、方法的存在，但今天僅剩四種，因為像印度一樣，西藏分為許多小邦國，各有不同文化。我想人們對文化的注意古今皆然，似乎人們對文化和佛法分不大清楚，佛法是佛陀的教授，它不是文化，文化是人所建立的，這完全是兩碼子事；但如果你修學佛法，你需要文化，因為沒有一個人能與文化脫離，因為人一出生就在文化之中，沒有選擇的。就像如果你生在德國，自然便接受德國文化一樣。

如同我們喝茶般，茶杯是文化，茶是佛法，要喝茶就要用茶杯，但喝了茶，就不需要茶杯了，因為你是要喝茶不是喝杯子；同樣地在你了悟之後，便不需要文化了，因為沒有佛的文化這一回事。但當你修持時，文化像杯子對喝茶一樣地重要，我們所要關切的重點是茶，而不是茶杯長什麼樣子。並不只在西藏，似乎每一個地方都在為茶杯打架，有太多的爭執起於對茶杯不同的看法。上述西藏的薩迦、格魯、寧瑪、噶舉各派都曾為了自己的派別打得天翻地覆；但事實上，佛陀從來沒有特別只教了那一派，不同的文化是適用於不同的人身上。所以我說這四派只是四種不同的方法罷了，但後來學生將他們形成四大文化，其實他們的究竟見解是一致的，但用不同的術語而已。譬如在本尊觀上，寧瑪派叫做「卓千」，而薩迦派叫做「昆替也嗟」，噶舉派叫「大手印」，格魯派也叫「大手印」等。人們喜歡不同的術語和不同的解釋方法，像一個人進入空性中，有些派叫做進入清晰的虛空，但其實沒什麼不同的。

問：可否請您談談第一世欽哲仁波切的利美運動？

答：人們以為利美是什麼新的形式，但事實上利美是佛陀教法的精髓，不是什麼新的形態，所有的佛陀教法就稱做「利美」，意為不排斥的心。當你掉入一個知見中，便開始失去平衡，修法也不清楚。佛說，不論你在做什麼，即使是佛法的修持，如果以貪、嗔、癡來進行，一切都徒勞無功的。所以在佛法修持中，如果你自認為是大乘行者，卻沒有清楚的信心和奉獻，而只是為了博得（取）名聲或為了自己，甚至對其他宗派有強烈忿恨，逞其口舌，評論是非，如此的修行永遠也成不了佛，因為你是用貪、嗔、癡在修，這種修行只會使你輪迴而不是涅槃。這是「利美」的基本單純意義。

為何第一世宗薩蔣揚欽哲旺波很有名，成為偉大的修行者，因為他將這個看法新鮮地提了出來。那時的西藏有著太多的派系主義，每個人都很自私，許多重要的傳承因此瀕臨斷絕，所以宗薩蔣揚欽哲旺波心想這是不好的，如果這種互相排斥的偏見再持續下去，我們自己必將受害，偉大的教法和傳承將延續不了幾年，因為每個人都不想學別人的東西；於是他自己便親自到各派去學習，接受傳承，閱讀經典、書籍，然後教給學生們。這也就是為什麼人們認為，是由宗薩蔣揚欽哲旺波開始這個運動的原因，但事實上這些都是佛陀的教法。

問：許多人談論雙修法，但請問仁波切什麼是雙修呢？

答：好像有許多人認為雙修法是金剛乘中的性修持法，這種說法我並不抱怨，因為已經有很多金剛乘的修持者自己沒有很小心注意了。當時金剛乘的修法在印度，被保存的十分祕密，他們做的很好，僅教給有優秀資格的弟子，在晚上無比小心地授予；但在西藏，這傳統遺失了很多，我想是由於西藏人信心太重，而且也沒有其他像印度教或其他宗教在西藏，使他們須要保密的。然而在印度的情形就不同，有許多的外道，使他們一定要保密。這種的祕密外洩並不好，像有些唐卡上有父母本尊雙運的種種圖像，在普通的密續修行中，與性行為很類似，很容易使許多人誤以為密宗是在教一些性方面的事情，這真令人難過。你會發現許多雙運的知識和技術在密續中，因為密宗是保存在弟子經驗中的一種教法，是為了那些特別聰明的弟子而教的，他們要有特別開闊的胸襟。

佛陀在教導眾生時，並不只用一種方法，因為眾生個個不同，有些人心胸狹窄，有些人則心胸開闊，心胸開闊的人容易了解諸法實相。如果你生在印度的種姓主義中，身為婆羅門族，你必須每天洗身體三次、不用當兵、不吃肉、不近女色、緊守淨戒；你生在那，就必須做那樣的行為，在一個很嚴格、胸襟很窄的規定生活中，你很難敞開心胸。因此對這些人只能教他說：是的，不要喝酒、吃肉、一天要洗三次澡保持高貴的身體，因為這些適合他，他不適合開闊心胸的教法。

而雙修的概念有許多種，光明和空性的雙運，空性和大樂雙運，為什麼要雙運？為什麼要把這些東西結合在一起？首先要了解，我們並不是把兩個東西合為一個，結合、雙運在金剛乘中是有關實相、本體的概念，並不是一個東西由兩個結合而成，在大乘佛教中說：「一切都是本來清淨、空的，根本沒有東西可雙運，在實相中沒有所謂兩件東西，也沒有雙運這一回事。」因此，沒有任何東西可雙運的這個東西，本身就是大雙運啊！所以並不是兩個東西合在一起，而是實相是一個二合一之外的東西。雙運的目的也在生起大樂，雙運是去結合，像佛陀他人身示現、教導我們，所以才能使我們容易了解實相、本體。

人類很自然地喜歡雙運、結合這個概念，把兩個東西合為一個，加以調整、聯合，諸如結合成合眾國、聯邦、結交朋友、結婚——結合男與女等，為什麼呢？因為我們投生在一個貪欲很重的人身，即使我們有許多種欲望、情緒，但其中最強的是貪欲，所以貪欲放在第一位，人常被貪欲壓迫，生理、心理、物質上的，而貪欲的實際行為是雙運、結合對吧？

金剛乘便是運用這個心理而把他們帶往實相去，藉由某些雙運的教法，讓人們了知事實上真相是痛苦的；但當你雙運時了悟現象的本質，雙運可以是任何事，如生和死的雙運。像我們前面說的，我們想要快樂，但又不知道如何結合生與死，將生與死全然地劃分開，而不將之結合，因此這裡有一個方法將生與死、好與壞雙運、結合在一起，而其實相、本體卻是一致的，沒有所謂的生也沒有死、沒有好也沒有壞，沒有生就沒有死、沒有死就沒有生，一切都是自然的結合、雙運。

為了彰顯上述所說，因此有男女本尊的雙運相等等這類的教法，其實這些都是在表示智慧與方便的雙運，因為沒有智慧，方便流於世俗，沒有方便只有智慧流於危險、困難，因此須求得智慧和方便之平衡、和諧。但這些是很高深、祕密的教法，很難為一般人所理解，因此人們多有誤解。

問：究竟是什麼東西造成了善業呢？

答：一般說來業，就是行為，造善業這在佛教來說，是依其動機、意圖而定，去圓滿業力，動機是最重要的。如果你有好的動機，無論你做什麼行為就是善業；如果你的動機不良，無論你做什麼就是惡業。你可以為了出名、權勢、驕傲等等做許多功德，但如果你的動機如此，無論你多努力去做，善業也成惡業，因為你動機不純正。

台灣弟子的確有些不正確見解，但上師們也有責任吧——

給了太多的灌頂、太少的教法，

在台灣這個聚財極易之地，停留短暫的卻少有長期計畫於此……

我問的問題或有禮貌不周之處請見諒。

最初的藏紅色光芒

〔噶瑪噶舉派〕第五世創古仁波切

Thrangu Rinpoche, ཁྲ་འགུ་རིན་པོ་ཆེ། 1933－

訪問日期：一九八八年九月十四日

問：請問金剛乘和大乘之不同。

答：金剛乘和大乘都是佛所說的教法，不同的是時間、地點，一個傳入西藏，一個傳入中國，其他沒有什麼不同。

我認為僅有之不同乃在於如何修持的方法。傳入西藏的修法至今傳承未絕，過去傳入中國、日本等地的教法則因時間而中斷了。

因此據我觀察，現在許多台灣人對金剛乘的修持法有著極高的興趣，那是因為金剛乘有非常特別的方法，他們認為對自己有幫助，因此十分喜愛，而進入藏密之門。

另外，也有一些人認為中國佛教已相當豐富，我們何需新的方法，我認為這樣想也可以，但若願修金剛乘亦佳。

在過去，我們也曾廣泛地傳入中國許多金剛乘教法，那是在元、明、清等朝，當時的皇帝邀請了許多大仁波切到內地，大仁波切給予了許多灌頂和教法。但那時金剛乘僅有皇族、貴族等得以接受，並不公開於大眾；民國後亦曾請貢噶仁波切、諾那仁波切等人傳了許多法給中國學生，看到這種轉變，我覺得很好。

但有時候人們會舉出仁波切的一些行為來批評，那是人的問題，而非佛法、教法的問題，人和法的關係必須強調且被了解，這是十分重要的。

＊對台灣弟子的看法

問：仁波切到台灣的因緣如何？

答：我從弟子那接到信，希望我來此傳法、灌頂，以淨化其惡業來幫助他們，並且希望馬上動身以滿其願求。

在歷史上，中國和西藏佛法都衰微了。同樣的事情發生在我們彼此的身上。因此我想訪問台灣，了解台灣的佛法情形，所以我初次來台，遇見了一些和尚、學生，並建立了法的關係，那是在一九八〇年時，我隻身來台，當時是由於貢噶仁波切弟子的邀請而來。

問：仁波切對現今台灣學生的感覺如何？

答：一般而言，台灣弟子非常好。我對身為來台最早的仁波切，並得引導其他仁波切步上此路感到很高興。但台灣的一些大乘或金剛乘弟子，當他們修學佛法時，常有在修法後可得某些法力，或可以立刻成就之類的想法，這是不大正確的，需要時間去逐步改變，去除此類想法。我將長期於台灣傳法，並希望台灣弟子得以成為好的修行者。

問：台灣弟子的確有些不正確見解，但上師們也有責任吧——給了太多的灌頂、太少的教法，在台灣這個聚財極易之地，停留短暫的卻少有長期計畫於此……

答：關於您所述仁波切們的情形，皆因遷至印度、尼泊爾等國家後，許多大仁波切、老仁波切過世了，年輕的仁波切們沒有太多能力傳揚佛法，因為他們住在外國，沒有房屋、人手，他們是難民，為了在此情況下振興佛法……在此原因下你是對的，他們來台，因台灣是自由、獨立，而且擁有自己的一切，所以他們來台給予教法，並接受了人們的供養，然後回去建寺院、學校等，這是為再振興佛法而做，我認為是值得的，仁波切們正在從事佛法的事業。

仁波切們在台灣待的時間是不多，但也還有其他眾生需要他們傳法，因此時間自然顯得短了；而當接受了灌頂之後，許多仁波切經常會到台灣來，將可幫助他們。我在此建立了最早的中心，便是為了讓它成為弟子們了解佛教哲學的教育場所來幫助台灣弟子；當我不克前來時，亦有喇嘛在此常住。

現在我們需要用英語為第二語言溝通，所以我派了小喇嘛來台學習中文，或許將來就可不透過此中介語言而談話了。

我同時也常在心中想著要幫助、利益台灣弟子，所以在我寺中的一位漢人喇嘛，我也鼓勵他學藏文，資助他的一切，希望他將來能利益台灣弟子，因為他是一個修行人，並專注於藏文。本來若有人想如此學習，我會盡力幫助，但有一些人去住了很短的一段時間就走了。

問：我問的問題或有禮貌不周之處請見諒。

答：沒關係，你問的時候我覺得我一點也不像西藏人。

問：建寺為何對仁波切們如此重要？而且何必大多建在尼泊爾、印度？

答：建寺的重要性在於：若只有一個仁波切而沒有學生，仁波切傳的法便中斷了，學生們需要地方學習、修法以成為好的修行者，而寺院便是修行的地方。

然而在台灣的花費太貴了，尼泊爾的幣值、物價較低，所以仁波切們在尼泊爾建寺，但我也很希望將來能在台灣建寺。

例如你有一萬元，在台灣根本不算什麼，但在印度、尼泊爾就很管用了，這就是原因所在。

問：但尼泊爾、印度的西藏寺院也太多了吧？聽說大部分西藏人是文盲，他們何不蓋醫院、學校？

答：在過去的西藏，寺院是教育的最大來源，因此強調建寺之重要，如此教育方能延續；如果我們亦採用了歐洲的傳統，建醫院、學校等來利益眾生的話，我懷疑將會如現在的社會一樣的喪失了傳統。因此，我們所能做的，便是延續古老的傳統。

問：如何避免弟子們對上師的崇拜？

答：弟子們從上師處接受灌頂、傳法，皈依成為佛弟子，係皈依佛、法、僧，沒有叫你崇拜什麼。

問：政治和社會階級對西藏佛教的影響如何？

答：政治！不同之處在於我們如何使用它，從那個角度去看它。例如，政治若是為了服務、利益，帶給眾生幸福、和平，這種政治理念和佛教哲學便十分接近；若將政治做為謀取私利、傷害別人的方法，則與佛法相去甚遠。

從世俗觀點而言，是有貴族、領導者等階級；但從佛法觀點而言，則無貧賤高低之分。如一些大喇嘛可能出生在貴族或賤民家庭中，寺院裡也不是從貴族或貧民家庭出生而定其地位高低，係由其所受教育、談吐等等而定。

問：但一些大喇嘛則擁有較高政治權力？

答：這是世俗的系統，一些較聰明、有創造力、有財勢的人便具有較大的影響力；同樣地，一些喇嘛擁有極大政治權力，也與他個人能力有關係。

＊內空行與外空行

問：外、內、密、祕密四種空行中，像仁波切這樣的比丘如何修三灌法？

答：外空行母有時為在家修行者所用，但內空行母並非實體，而僅是某禪定、智慧境界之名。例如金剛持之佛母即僅為智慧名稱，而非實體、人身，故和尚修此法亦不失其戒。

儀軌之精要處為哪一步驟？

儀軌有一定的步驟，如皈依、發菩提心等，從頭到尾去做才能成就，這就是精要。

岡波巴的轉世化身

〔噶瑪噶舉派〕第三世達桑仁波切

Taktsang Rinpoche, སྟག་ཚང་རིན་པོ་ཆེ། ? - 1995

第三世達桑仁波切，生前駐錫於尼泊爾首都加德滿都的千佛寺。由於前十幾世皆為噶瑪巴的大修行者，從十三世起被尊稱為達桑仁波切，以此名號轉世至仁波切為第三世，是噶舉派重要的上師之一，即為著名的岡波巴尊者之化身轉世。一九八四年第一次離開尼泊爾至東南亞弘揚佛法，也曾多次來台弘法。第四世達桑仁波切由噶瑪巴在一九九六年認證。

訪問日期：一九八八年十月十三日

問：請仁波切自我介紹。

答：要說出我由何而來是十分困難的，因為無始無終。唯然我無法清楚地陳述，但自我此生有記憶開始說的話，我的前世可以追溯至貝瑪仁欽旺波，是一個被顯經、密續、蓮師所授記的人。後來，他轉世為噶舉傳承之持有者——岡波巴，他下一世名為鐵節打拙，那是我的第一世，後來我被如此認定。我並不以為自己是偉大的，但我被其他仁波切認定為此傳承之持有者，因此被給予達桑仁波切的名字，接受如同其他仁波切所被教授的教育、訓練。

問：這些前世的事情是由其他仁波切告知的，或是仁波切自己仍記得很清楚呢？

答：由於智慧的障礙和五毒，使我無法了知過去，所以我不記得前世了。

＊仁波切所受的教育

問：請仁波切談談此生所受之佛法教育。

答：我在七歲時開始於寺中接受僧院教育。西藏寧瑪、薩迦、噶舉、格魯四大派各有基本主張和修持方法，我是屬噶舉派，由仁慈的上師處接受灌頂、口傳和教授。幸運的是，當我修習時並沒有任何障礙而得以圓滿地修習，我雖不敢說已達全知，卻也非一無所知；在上述訓練下，我對噶舉傳承之本尊、不共本尊皆盡全力修持。

問：一位仁波切要接受許多的本尊灌頂，他們是如何修持的？

答：依噶舉傳承而言，雖然接受了許多灌頂，但若要一一如法修持，則幾乎不可能，因此傳統上只需修持已受灌之法一週或一個月，此依修行者的時間而定；若要修遍全部本尊也很困難，所以我們可修持一個特別的本尊，然後觀想所有本尊與他結合為一來修持。

問：四派各建立了不同的教育體制，噶瑪噶舉派有無其特殊之處？

答：像格魯派考「格西」的制度在四派中皆有，在上西藏我們有楚布寺，下西藏有八蚌寺，在中藏有噶瑪貢欽寺，做為像格魯派三大寺一樣的教育場所。其制度並不特別，這是一種訓練，如學校的年級一般，但真正的修行是在對你所學有所體驗之後。

問：除了傳承不同之外，噶舉派最特別之處為何？

答：並沒有不同之處，此四派皆發菩提心，並努力去了悟空性，在這方面，四派目標皆同，皆循佛陀教法，皆可圓滿成佛。能真正發大慈悲心、努力修持證悟者，即為真正修行者、真正佛法傳承之持有者。此外，藏密各派僅有服飾等小小不同，義理則無異。

問：眾生平等，何須向上師頂禮？

答：因弟子、上師德性不同。眾生同中有異，你和總統一樣嗎？此即佛法中眾生因緣業力之不同，例如美國人那麼多，卻只有一位有能力的人能當總統。上師們亦向諸佛、菩薩致敬，以表示自己願成正覺！這是業力之不同，表示弟子真誠地向上師看齊的尊敬方式。好比你去公司應徵，同樣大家填了資料，若你對老闆較尊敬，便比別人容易取得受雇機會。

雖然於內有了成佛的心，卻因此而沒有外顯的行為，就非常令人疑慮；我們因無明而沒有證悟佛果的能力，所以我們必須皈依三寶，佛是此黑暗世界之明燈、法是道路、僧是伴侶。在此佛道上，為完成自心之發展，我們應向上師頂禮，雖然修行之初始自心仍十分黑暗，但在佛道上將一步比一步光明；在我們發展四無量心，意欲證悟之時，對向我們慈悲指示此路者，是應該示尊敬的。

＊菩提心之真義

問：何謂菩提心？

答：菩提心的藏文是「強秋先巴」，「強」意為限制負面，「秋」是一起帶來正覺之特質，「先」是心，「巴」則是勇氣；不僅為自己亦為他人，無論你現在環境如何，但從未喪失助人之心，這就是菩提心的定義。

問：如何生起堅固菩提心？

答：起初時並無法立刻生起，因為眾生的五毒、我執強大，使我們並不在乎別人。菩提心即是生起對他人慈愛、在乎、關照之心；不能自動生起菩提心時，我們要依賴一點方法。首先做眾生皆曾為父母的觀想，接著思念父母對我們的慈愛，並意欲回報他們。但實際上，若從你的父母、兄弟姐妹開始做會比較快，因為你對自己身邊的人原已熟悉，然後再逐漸擴及思惟所有眾生皆欲離苦得樂，然其所做所為卻未能得樂，反而苦於無明之中無法如其所願，如此便得生起菩提心。

＊空性之顯現

問：中觀見地與密法如何結合？在修行次第中如何顯現？

答：一切密法之見地根源於空性，空性並非可顯見如A、B、C者，亦非可顯見空性外部、內部者，我們僅是逐步的修行，然後有了一些了悟的經驗。像你的名字叫黃英傑，把你的手給我，這是黃英傑的手嗎？（是的。）你的身體是黃英傑的身體嗎？（是的。）那麼黃英傑在哪？你在什麼地方？真正的那個被稱為黃英傑的在哪？你的身體、手、腳都只是你的一部分。空性必須要有自己的體驗，否則無法表達出來。方便的本身是染污、是無盡的，由此無法談究竟法。

問：四加行可否由究竟義解釋、看待？

答：加行如同房屋之地基，而究竟中無此，僅四加行不足以成就。

問：儀軌之精要處為哪一步驟。

答：在儀軌中有一定步驟，如皈依、發菩提心等，必須從頭到尾去做才能成就，此即其精神之所在。

法、報、化三身同時證到，這三者差別並不大，

一個有形、一個無形，如果完全無形的話很難利益眾生。

所以法身示現出報身——這是完全清淨的形相，只有菩薩能見到；

凡夫只能見到化身，這不是完全清淨的形相。

第二世欽哲仁波切的傳承

〔噶瑪噶舉派〕第三世貝魯欽哲仁波切

Beru Khyentse Rinpoche, བེ་རུ་མཁྱེན་བརྩེ། 1947 –

仁波切生於西藏中部拉薩涅塘（Nyethang）。一九五五年由第十六世大寶法王讓烱日佩多傑在淨觀中確認他是八蚌欽哲的轉世，隨後便被接回楚布寺，由大寶法王剃度及陞座，成為十六世噶瑪巴傑出的心子之一。薩迦法王也在一九五六年賜予貝魯欽哲仁波切等同薩迦哦巴大堪布高位的文告。仁波切曾三度訪台。

訪問日期：一九九八年八月二十八日　受訪地點：花蓮向月花法輪中心

問：請仁波切先自我介紹。

答：我的名字是貝魯欽哲旺波，是第二世八蚌欽哲仁波切的化身；第一世欽哲仁波切是一八二〇年至一八九三年的人，藏文全名是蔣揚欽哲旺波，梵文稱作曼殊諾巴，是文殊菩薩的化身、西藏的偉大導師，持有四派的傳承法脈，從事於不分宗派運動。他教導各派的法，在圓寂前他表示，自己將有身、口、意、事業、功德等五個化身在一八九五年出現；貝魯欽哲是他第二世化身之一的名字，我是第三世，屬噶舉派，但我也學習其他各派的法。我住在印度菩提迦耶，擁有尼泊爾、紐西蘭、澳洲各一座寺院，三座寺院在西藏，一共是七座寺院的寺主，現年四十一歲，在我二十到二十四歲間，於印度閉過四年的關，首度離開印度是到澳洲、紐西蘭弘法，也去過馬來西亞，在新加坡建立了一個中心，至今傳法已超過三十個國家。這是我第三次到台灣，我希望將來有機會再來，並到其他新的國家弘法。

問：您身為轉世，可否談一談轉世呢？

答：是的，我是一位轉世，當我三歲時我到寺院中出家成為僧侶，大約在我七、八歲時，十六世噶瑪巴於禪定中，以其超能力與智慧，看見我的前世的轉世名字、父母、名字、年紀、方位、家庭附近環境，把這些寫在紙上後，派人去找這位小孩。從他的寺院到我家大約有一日半的路程，因為當時西藏沒有公路，這是以騎馬來計算的。信上寫了我家門的方位，當使者來到我家附近地區時，開始找尋信上所描述的環境、小孩，最後他們歷經困難的到到我家附近，問了許多人有關信上小孩與父母的名字，當時我的一位親戚正在那，便說也許你們該去找某位小孩——也就是我。

兩個使者便問路而來，我本來在屋外和其他小孩在一起，當時我已出家，穿著出家人的衣服，他們問我知不知道信上名字的小孩，我說這是我的名字，又問我的年歲。使者十分高興，因為一切都符合信上所說。

使者再度問我母親，但我是獨子，母親捨不得我出遠門，使者後來找我一位出家的舅舅幫忙，他很樂意，使者回到噶瑪巴處請他鑑定有沒有找錯人，噶瑪巴派了幾位喇嘛送我他的僧袍衣物等禮物。在昇座典禮後，我先到噶瑪巴的寺院，再回我前世遠在於東部西藏——西康的寺院。我無法說自己好不好，我只是一個平凡的人，但噶瑪巴是偉大的聖者，他了知一切事物，而一些喇嘛也說我是貝魯欽哲的轉世，我的一些特質和前世十分相似；此後我讀了一些佛教哲學的書，以便做為一位轉世者。

問：誰有資格來指認轉世呢？

答：大部分噶瑪噶舉的轉世是由噶瑪巴所指認出的，也有其他喇嘛來指認，我自己也已經指認過三位轉世喇嘛的身分。

問：歷史上是否曾有過指認轉世錯誤的事發生呢？

答：認錯是有可能的，但並不常發生在上述指認形態中。有一些人說這小孩是誰的轉世，但長大一點後，我們可清楚看出其品質是否如同上一世；我們轉世者知道轉世者應具有的特質，有一些人具有神通力可預見未來等等，如果是被誤認的轉世者，他將不具備這些特質。

問：轉世都由別人認出嗎？

答：第十五、十六世噶瑪巴在圓寂前，自己都留下預言自己出生地方的信。有一些喇嘛是自己認出自己，有一些是由別人認出，有些則是喇嘛在自己童年時，便會說自己是某人轉世，而達賴喇嘛的轉世是由一聖湖的跡象所顯示。

問：每個人都是自己的轉世，為何有些人要被特定地認出呢？

答：轉世的認定有時也由瑜伽士來擔任，事實上眾生皆是轉世，而轉世的仁波切也不全部一樣，有一些人很好，有一些普通，而有一些卻沒那麼好，但我們不能因此就說他不是誰的轉世。轉世（祖古）的意義是指完全覺悟、可完全洞悉眾生心意，並且有慈悲心的人，如果不具有這些特質的話，祖古不過是個名稱、頭銜罷了。

問：轉世者和一般喇嘛所受的教育是否不同？

答：一般喇嘛也有禪修很好、學問很好的，因此而出名當老師，死後便被認定為轉世。轉世者有特別的老師教他一切經論、藝術，並教他許多灌頂、口傳、講解，他們受的訓練比一般人多，而且更圓滿，否則即使他是轉世，若沒有好的老師指導，他將難以出類拔萃。

問：是否有一些轉世不再來到這世界，或沒被發現？

答：是的，這也曾發生過。有一些人不再轉世，他們往生到淨土去了。有時一個人轉世化身成好多人，曾有一位十六世噶瑪巴的弟子桑傑年巴說他將有三位轉世，一位在美國某地，兩位在其他地方，他寫了這三位轉世的詳細情形，但至今卻找不到其中的一位；噶瑪巴說也許他的這一世不會被找出來，找不到的原因很多，如地區的問題等。

問：據我所知，欽哲仁波切的第三世一共有五位，分別是您、頂果欽哲、宗薩欽哲、欽哲依喜，及一位在法國出生的仁波切，但後兩位卻不被正式承認，這是真的嗎？為什麼？

答：頂果欽哲仁波切是欽哲仁波切的轉世中最年長者，他是第二世。而宗薩欽哲仁波切是敦珠仁波切的孫子，這一世宗薩仁波切一共有三位轉世，除了宗薩欽哲外便是欽哲依喜、吉米欽哲仁波切，但後兩者並未被政府正式承認。被西藏政府所認定的欽哲仁波切轉世共有三位，十分有名，即我——貝魯欽哲、頂果欽哲和宗薩欽哲仁波切；這三位完全被寧瑪敦珠法王、薩迦法王、格魯達賴喇嘛、噶舉噶瑪巴所承認，並賦予完全的地位；但欽哲依喜和吉米欽哲仁波切也是欽哲仁波切的轉世，只是西藏政府未正式承認。

問：為什麼？

答：桑傑年巴仁波切也有三位轉世，找到的兩位之中，只有一位被政府承認。欽哲依喜仁波切是由頂果欽哲仁波切與其父親——他也是一位轉世，所認定的，我不知道為何政府不承認。

問：您記得自己的前世嗎？

答：我不記得，即使記得也從未說過。有一些人說我記得，但我不確定，我不喜歡說我記得前世，有一些喇嘛會記得自己前世。

問：您身為欽哲仁波切的一位轉世感覺如何？

答：我對自己有信心，可以勝任、沒有懷疑，我盡力幫助眾生，即使沒有這地位，而我願意幫助眾生的熱誠仍然不變，即使面對來自不同國家、使用不同語言的人，我都平等對待。

問：一位轉世仁波切的傳法活動十分頻繁，您是否認為對自己的修行會有影響呢？

答：幫助別人是好事，而轉世分為三種：一種是祖古，即再來人；二是音樂、藝術的轉世，不是以轉世身分出現，而透過音樂、藝術助益眾生；另一種是菩薩的轉世，又分法、報、化三種身分。化身又有三種，即上述的一般大轉世：音樂家、藝術家；第三種是示現動物相或其他六道眾生之相來利益眾生，如獅子，鳥等等。佛陀的本生便曾轉生畜生道無數次來幫助眾生，有一次他化身成隻豬，凡是吃了他的肉的人可免除疾病、瘟疫，化身可以人以外的任何生命形態存在。

問：您認為現代人的修行和古人一樣好嗎？

答：古時候修得好的人比較多，現代人心較急、較迷亂，一種沒練好便換一種，但仍有修得好的人。

＊虹光身與三身

問：虹光身是究竟覺悟、成佛嗎？

答：虹光身是在變成化身、報身之後所形成的，仍屬相對性示現，而非究竟、絕對的。化虹光身時，身體消失但仍會留下一些頭髮、指甲，但並不多。

問：您是說虹光身的示現仍不代表究竟成佛嗎？

答：通常化虹光身的人應該先成為瑜伽士，許多世隱世獨修，最後才化虹光身。虹光身並不是成佛者都會示現，有一些證到法身的人，在死後一週內，身體仍維持坐姿，心也仍是熱的，屋外會有一些特殊徵兆，如虹彩圍繞、天花如雨散落等，然後身體逐漸化光消失，這是表示證到法身成就。

問：那麼法、報、化三身是否同時證到？

答：是的，這三者差別並不大，一個有形、一個無形，如果完全無形的話很難利益眾生。所以法身示現出報身——這是完全清淨的形相，只有菩薩能見到；凡夫只能見到化身，這不是完全清淨的形相。

＊何時行誅法

問：息、增、懷、誅四法，誅法在什麼情況下可做？

答：息是止息、平和，淨化煩惱、情緒，增是增加智慧、福德等，懷是令人在自己控制下，誅是摧伏、摧破。要修誅法一定要有大菩提心、對法了解，否則會傷害別人；要有正確的發心，菩提心和空性正見的證悟，對真正破壞正法的人才能用此法，不是用來對付自己的仇敵的；誅殺之後必須要將之超渡到淨土，否則自己會有障礙。

問：請問您何時成為上師？您的上師何時授權予您成為上師？

答：一位喇嘛或仁波切只要程度夠，便成為傳承持有者，同時上師也會告訴他。

問：修學金剛乘要花許多時間向上師學習，而上師到台灣停留的時間並不長（久），您對此有何看法？

答：事實上我覺得仍有可能長期追隨上師，譬如上師今年來教加行法，弟子圓滿後，下次上師來再教下一步深一點的法；如果一位弟子同時向太多上師學習，他不知道該修誰的好。一位弟子可能有很多上師，一位上師也有許多弟子，然而追隨還是可能的；如果你追隨一位主要上師，跟著他一兩個月好好學些東西，修完後他下次來再教你新的，這樣就會很好。當然，你也可去聽其他上師的法，但主要的上師只有一位，就連我自己也是這樣修的，一步一步做下去。

剛開始觀想或得到加持時，那是來自外在的，
但逐漸地隨著我們對佛法的了解和修法的加深，
將體悟到觀想和加持是源於自心的顯現。

觀想和加持是源於自心的顯現

〔噶瑪噶舉派〕第二世波卡仁波切

Bokar Rinpoche, འབོ་དཀར་རིན་པོ་ཆེ། 1940 - 2004

仁波切於鐵龍年（一九四〇年十月十五日）誕生於西藏阿里，四歲時由十六世噶瑪巴認證為波卡寺喇嘛的轉世。第一世卡盧仁波切讚歎說：「那洛巴曾受記瑪爾巴，在他的傳承下，每一位弟子皆優於其上師，所以瑪爾巴的弟子密勒日巴的成就高於他的上師。同樣的，波卡仁波切是我的傳承者，而他將比我更偉大。」一九九八年石碇鄉達香寺舍利塔落成開光法會，波卡仁波切專程來台主持。

訪問日期：一九八八年六月二十八日　英文翻譯：堪布東由仁波切

*眾生自心即是本尊

問：本尊的定義為何？

答：眾生的自心皆是法性身，是純淨無染的，這就是本尊；由此純淨的空性中，化現出許多特殊的不同身形、顏色的本尊。事實上佛陀在顯宗經典中並未提及有關本尊的教法，這是在密續中提及的。

問：是不是有一些佛菩薩的修法在無上瑜伽中並未記載，如文殊、觀世音菩薩等，是否選擇此類本尊的人，當他修法至某一程度，就必須更換本尊呢？

答：無上瑜伽部是非常深奧的教法，是很困難去了解的，為了要了解，我們需要足夠的智慧力，所以我們必須修文殊法，因為他是一切般若智慧的來源。如果我們透過文殊法的修持，證得無上智慧，就可以了解無上瑜伽部高深的教法。

*無上部亦有文殊菩薩

問：在無上瑜伽部也有文殊菩薩嗎？是否需改變其身形呢？如忿怒相的大威德金剛。

答：不，在無上瑜伽部有種種文殊菩薩，也有許多我們一般所見到的寂靜相文殊菩薩修法，只是法本有所不同，不一定要修忿怒相的。

問：無上部菩薩並不限於五大本尊？

答：對！但文殊菩薩亦可現五大本尊的身形。一切都依照上師的教授及儀軌來決定，是否須改變其身形來進行觀想。

問：觀想與加持是自心所顯現的或外在原有的？

答：剛開始觀想或得到加持時，那是來自外在的，但逐漸地，隨著我們對佛法的了解和修法的加深，將體悟到觀想和加持是源於自心的顯現。

問：以某些人的經驗而言，當他觀想時，佛菩薩就出現，並且可以觀其放光等現象，而自己也覺得受到加持了，但不觀想就沒有。這究竟是自己所想像出來的呢？或是實有的呢？

答：當我們觀想時，我們自心和本尊間的障礙就被清除，我們因此得以和本尊溝通聯繫上；但當我們不觀想時，我們的心就被種種妄念所蒙蔽，因此見不到本尊。

問：也就是說，我們的心和本尊是無二無別的？

答：是的。

＊修行之根器與次第

問：密乘是否特別針對上根的人而施教？那麼一般不是那麼聰明的人怎麼辦呢？密乘仍適合他們嗎？

答：是的，密乘是特別對信心深厚、根器犀利、可以急速成就的人而設。但眾生根器不同，如果不是那麼利根的人，他們可經過上師的教授而對密法有所了解；因為今日大部分的人無論了不了解密法，但他們喜歡密法，這是好的徵兆。上師可給予各種根器的人密法的教授，例如在過去對密法有興趣的人並不多，但今日全世界的年輕人都喜歡密法。

問：是否鈍根的人透過密宗的修持，也能成佛呢？

答：是的，但這並不表示他們可即身成佛，但只要如實修行，終有一天會成就。

問：修法的次第性在密宗中要求的十分嚴格，但岡波巴的傳記中，他對於任何求法的人，都給予最高的灌頂，如果對方不能接受，便給低一點的，再不能，便給再低一點的，直到適合為止。對這兩種次第，您的看法如何？

答：這要視學生的程度而定，在傳統上我們給予學生基本的教法，如果學生能如實的了解，才進一步給予較高的法。

問：修行的目的是發現、了悟自心的實相，但為何密宗如此重視身的修法，如氣、脈、明點等？

答：事實上我們修行的主要對象是自心，但直接去發現、了解自心的本性太難了，因此先透過對自身的了解，來幫助我們了解自心。

依照顯宗經典而言，它只提及了自心的修持部分，而沒有提及身的修持部分。但心是無形的、難以直接了解的；在密續中提及了身的修持這一部分，如果我們藉身的修持來了解自心，那會是較容易的方法。

＊果位起修

問：金剛乘和大乘的主要區別在於對因位和果位出發點的見地不同，大乘中認為人人具有佛性，每個人透過自己的努力便可達到佛的境界，而密宗的看法是什麼呢？

答：在顯宗經典中強調從因位起修、由佛性種子起修，如此將耗費非常久的時間；在密續中則從果位起修，時間上減少了許多。

問：這是否表示我們是在很好的環境中修行呢？

答：如果有人拿一顆花的種子給你看，而不是花，你也沒有看過花，那麼你去種下種子、澆水、施肥……每天花許多時間長期去照顧它，這是因位起修；好像老師告訴你你有佛性，你必須禪定，廣積福德等才能成就。然而在密宗中可觀想種種不同本尊的相，而本尊即代表果位成就，這在顯宗並沒有提到；本尊不是外在的，我們可具體觀想本尊，將自己的身轉化成跟本尊一樣圓滿，基本上他們的差別在此。

＊父續、母續與無二續

問：無上瑜伽部中父續、母續、無二續的不同為何？何者比較高？

答：密宗無上瑜伽部中有智慧和方便兩大重點。如果我們在法本中可發現多一點的方便，就被稱為父續；如果我們可發現多一點的智慧，就被稱為母續。當然在母續中也有方便但較少提及，父續中亦有智慧但較少；如果一樣多，就是無二續。事實上我們可說無二續是較高深的，因為真正自心的本性可由無二續中正確了解，在無二續中確實描述心的本性較多。

問：您們在全世界建立許多閉關中心，請問閉關為何如此重要？若我們想要究竟成就的話，是否一定要閉關，或只要每天修持即可？

答：如果行者真的可以如實修持佛法、禪定，那麼就不需要閉關；但對一般人而言，不經閉關的練習而要能如實修持佛法，則會有許多障礙。如果閉關，我們可在沒有任何生活責任、種種打擾、壓力下修法，障礙少了很多。但閉關並不意味著在兩、三個月中可即身（完全）成就，閉關中的禪修祇是幫助我們去了解心的實相罷了。

問：當我們閉關時，是否需有上師相隨？

答：是的，這是必須的，但如果你已接受了上師的全部教法，並且如實的了解，是可以自己閉關的，否則你就需要上師的指導，不然會不知道閉關要做什麼。

問：閉關一定要上師指導嗎？或是任何有閉關經驗的人指導即就可？

答：是的，金剛上師或是有閉關、禪修經驗的人都可以指導。

台灣弟子比較天真。
起先時很熱，等到搞熟了就很冷，很容易被誤導。
並不是說對佛教天真，而是理想太崇高，
有些東西你根本得不到，可是你一直以為你會得到。

對台灣弟子一針見血的洞見

〔噶瑪噶舉派〕第十四世夏瑪仁波切

Shamar Rinpoche ཞྭ་དམར་རིན་པོ་ཆེ། 1952-2014

第十四世夏瑪仁波切出生在四川省甘孜藏自治州的德格縣，是噶瑪噶舉派領袖——大寶法王的四大法子之一。

問：修學佛法應具備哪些見地？

答：可以的話，最好要有中觀的見地，對心性、對空的了解，對緣起性空現象等真理的了解；在文字中觀上略為研究，有助於將來修禪定。

問：您對唯識有何看法？

答：學越多越好，若能的話，唯識當然可以多學，不只是唯識、中觀，彌勒菩薩所說的五部大論都可以學。

問：台灣弟子與西藏弟子比較之下有何欠缺之處？

答：在佛法上的欠缺，不管是台灣人西藏人都是一樣，但是台灣人對待上師的方式和西藏人是不同的。

問：一般西藏上師對台灣較不滿意的地方是那裡？

答：沒有什麼特別的，都一樣。台灣的信徒一般講起來，比較天真、很執著、熱得很快、冷得也很快。

問：所謂天真為何？

答：不穩定。起初時很熱，等到搞熟了就很冷，很容易被誤導。並不是說對佛教天真，而是理想太崇高，有些東西你根本得不到，可是你一直以為你會得到。因為大家其實對西藏佛法有些修行方法的原理並不是很了解、不曉得為何要做這件事情，而這些事情又到底有多重要。

「即使觀想相當成功、了悟一切的純淨，但眾生的痛苦仍然存在啊？」

「佛在二千五百年前證果，至今仍有許多眾生痛苦，然而這並不表示他的成佛沒用。」

〔噶瑪噶舉派〕第十二世泰・錫杜仁波切

Tai Situ Rinpoche, ཏའི་སི་ཏུ་རིན་པོ་ཆེ། 1954－

第十二世泰・錫杜仁波切出生於藏曆陽木馬年德格白玉地方的一個農家。由十六世大寶法王所認證。仁波切是大寶法王四大法子之一，噶瑪噶舉派當今重要的上師，與同為四大法子的嘉察仁波切共同主持第十七世大寶法王鄔金聽列多傑的坐床大典，也是法王在大手印的主要老師。同時也培育了許多位優秀的噶舉傳承上師。

訪問日期：一九八九年三月五日

＊轉世仁波切並非特殊階級

問：請仁波切談談社會階級對西藏佛教的影響。

答：我們應試圖釐清，無論是西藏、日本或泰國的佛教，內涵都是一樣，都是要使我們的生命更有意義。而它的意義能有多大，則在於個人的了解。

問：像您自己身為轉世者，難道不認為轉世者就是一個特殊的社會階級嗎？

答：西藏佛教承認，認定轉世教師，在這方面他們被施予特殊訓練是事實。

問：釋迦牟尼佛在印度反對種姓階級的存在，您認為轉世者這個特殊階級在西藏的存在，是否違背了佛陀「平等」的教義？

答：我不認為轉世者有何特殊，也不認為這是另一種種姓制度。轉世制度是個人的、他們被承認為教師，因此我不認為二者可混為一談。

問：轉世者為眾生而來是唯一的原因，而菩薩不執著於地位，那麼轉世者為何生生世世都要坐在同一寶座？

答：我不認為如此，他們是被承認而被賜座的，並非誰要爬上此位。

問：修觀音法成就的轉世者和觀音應化身，在證量上有何不同？

答：對此我自己有些意見，但不代表其他轉世者也如此。我的重點在於，能夠學佛並為佛教服務是很大的榮幸，而我的出生更有著特殊的使命；除此之外，我個人從未有如佛陀般的了悟，或其他類似的東西。我的一切都來自我的上師，而我得以學習到什麼，只是由於幸運地遇見了我的上師，在任何一方面我都得感激。

問：轉世者的認定可不可能出錯？

答：我不認為應該發生。

問：轉世者所可能發生的障礙如何？

答：依個人而定，若是有極高層次證悟的菩薩，我不認為會有任何障礙；若是沒有大了悟的人，任何障礙都可能發生。

問：若是大菩薩，他可以任何身分隨時度眾，又何必一定要現轉世身？

答：我想你必須了解，菩薩可同時化身無量，所以這不是問題。

問：人人都依自己業力而走，外力加持而改變業力的可能由何而來？

答：這很容易，業力不究竟，業力是相對的，而且業力又是空性的，因此可改變。

＊上師、弟子與傳承的關係（和重要性）

問：傳承是否可能由證量傳承變為衣缽傳承？

答：傳承簡單地說，是一個人得到特殊方法證悟後，將其證悟的方法由一個修行人傳給另一個修行人，因此傳承總在某些人那裡，傳承意義沒有再超乎此的了。

問：因此傳承的持有者是非常多人的？

答：佛陀有上萬弟子，每個人都從佛陀那得到傳承，很多人都再傳予其他弟子直到今日，因此傳承是同時由許多人擁有。

問：傳承具有無上加持力，同時是否也有傳承的障礙呢？

答：簡單地說，業障、障礙表示某些事做得不大正確，因此使其過程稍慢；當然有些傳承的修行者可能做了不正確的行為，甚至有些傳承因不再教導、延續法脈而中斷，這些並不表示一定是障礙，但是可能發生。

問：傳承因此可能在特殊時候停止？

答：不管是不是稱為特殊時候，停止就是停止了。

問：傳承的延續有賴於上師與弟子間的三昧耶戒嗎？

答：一個好學生向一個好上師學習，大部分來說，這個傳承便是確定而清淨的；但如果其中一人不太好，傳承就會不好。

問：每個灌頂都有不共三昧耶戒，但今日卻是上師與弟子間難以互相檢證的時代，如何能做到灌頂前的互相審視呢？

答：任何事都是可能的。

問：那麼像您是第一次到台灣來，便要給予許多大灌頂，您認為上師與弟子間的誓句可守得好嗎？

答：灌頂有許多種形式，大部分灌頂的給予和接受，是一種被稱為加持灌頂的方式，藉此人們得到加持力；在接受加持的數百人中，也許有一個或兩個人可以得到完整灌頂，這要依個人而定，但大多數人僅得加持。

問：您是說灌頂的形式只有一種相同的儀式，然而能得到完整灌頂或僅得加持，則由個人信心而定？

答：是的，依個人而定。在西藏灌頂一次都給予數百或數千人，你無法期望每個人都能完整得到灌頂。

問：但在密續中一再強調上師與弟子間，三昧耶戒的重要性，而今日的上師怎能毫不檢驗便給予灌頂？

答：我想，如此一來，在我一生中，也許我只會給予一次或兩次灌頂，甚至一次也不給，密續上是如此說沒錯；但同時發生的是，不可否認，人們喜歡得到加持，而得到加持也是有很大利益的。

問：這是否表示人們僅得到加持，卻無法守護誓句？

答：你我都沒有理由去臆測，因為大部分的人甚至連三昧耶是什麼都不知道，探討能否持守，已離題了。人們真的不知道三昧耶嗎？當然大家都會說說，但真確的三昧耶你們懂嗎？

問：所以我認為人們不懂是上師的責任，在灌頂前上師就該解釋的，不是嗎？

答：大部分的人把灌頂當作加持，其三昧耶十分基本，如多做善行、每天簡單地修法等，而沒有信心的人，我很確定他們不會來參加灌頂，這些就是基本三昧耶；至於要修法本、儀規，修密法的三昧耶，則等到有人想修時再說，我們不強迫接受，或叫人去做他不願做、不願持守的事，那樣沒什麼利益的。重要的是大多數人只喜歡被加持。

問：那您是認為迎合大眾以廣傳佛法，比清淨的三昧耶戒重要？

答：不，那不是事實。當我們談密法的誓句時，它有許多主題可談；我認為一位上師（如我自己）對弟子陳述一些他們從來不了解的東西，是絕對的錯誤。因此對一般人只講基本三昧耶，至於那些有興趣深入的人，可花多年的時間去研究密乘戒律。而我並不期望誰會有興趣於此，事實上對不能持守戒律的人，宣講密乘三昧耶戒也是不允許的。

問：大灌頂、小灌頂如何區別？

答：大灌頂或一般灌頂可由許多方面區分，主要的有：大灌頂所需時間、人力較多；而由少數喇嘛和上師，在短時間內可舉行完畢的，稱為小灌頂或普通灌頂。但這些並非其真實意義。一般人的初步認識，認為大灌頂是繁瑣儀式；事實上，大灌頂乃因出自無上瑜伽續，不論多長、多短、多複雜或多簡單的灌頂，與其是否為大灌頂關係不大，要去區分不大容易。

問：為何喜金剛的根、道、果中，各有四種灌頂？

答：這是祕密，除非你要修持才能學習這些。

問：密法中哪些部分屬於祕密呢？

答：一切細節。這有關加持力。

問：可否說明修法次第？

答：不行，這只能對要修法的人個別說明，不能公開。

問：請問遙灌的可能性？

答：任何事情都有可能，但歷史上沒這回事。

問：請問您此生閉過多少關？

答：很多，從小時候就陸續閉過。

問：您認為每個修行者都該閉關嗎？

答：是的。閉關對於禪定的幫助極大。

問：每日定時的修持和閉關有何不同？

答：每日的修持是與生活中許多不同的事混雜在一起；而閉關是將生命完全奉獻給修行。

問：西方國家現在有許多三年三月的閉關中心，這和西藏傳統關房有何不同？

答：哦！一樣的教法，一樣的老師，制度上有一點點不同。

問：閉關中心是先學再閉，或進去學習如何閉關？

答：因人而異，每個人都有些不同。

問：依緣起來看，藏密現在傳至全世界，會不會演變成不同形態的密法？

答：並非演變成許多不同密法，但不可避免的，每個人所了解、所學乃依個人能力。這不只是在金剛乘裡發生，在學校中三百個學生上同一個課，當然會有許多不同領會，但其核心精義是不變的。

＊菩薩有三種，故菩提心有三種

問：三種菩提心中……

答：並非有三種菩提心，但我知道你要說什麼。

問：密法發心比不上大乘菩薩道發心不是嗎？

答：菩提心沒有三種，是行菩薩道的人有三種，而菩薩可能有三百萬種的，這不過是簡略劃分用來比喻罷了。牧羊者表示完全只想到眾生的人；舟子型菩薩表示他同時關心自他眾生；國王發心，表示先考慮自己，再考慮一切眾生。這是因人而異，一個好心的人來修密法，可能會發舟子發心；較自私一些的人來修密法，就比較偏向國王發心。這並非絕對的，因為人心時時改變。

問：如果有一個小孩子哭了，大乘菩薩也許會安慰他，給他糖吃。

答：這並不需要，但是……好吧！

問：而密乘行者可能只把他觀想成本尊，有什麼實際幫助？

答：也許，也許吧！首先我不知道金剛乘中是否支持你的假設，這是我第一次聽到，但這是有可能的。金剛乘中觀想本尊是一種轉化的方法，將純淨的東西引入你的不淨思惟中，如果力量夠強、夠純淨，是會有真實的轉變。

問：那麼這種觀想或轉化是只有自己，或別人也可感受到？

答：轉化、改變是由於一切都是空性，因此能轉化。

問：即使您觀想相當成功、了悟一切的純淨，但眾生的痛苦仍然存在啊？

答：不一定，不一定，不一定！佛在二千五百年前證果，至今仍有許多眾生痛苦，然而這並不表示他的成佛沒用。事實上，有許多人已因此而受益，但這不表示一切眾生都已得到幫助，我想你不該下此結論。

問：**虹光身成就等於究竟圓滿佛果嗎？**

答：不一定，虹光身是一個名詞。若你消融自己的凡夫身進入涅槃，當然就是成等正覺，但這有許多方法去看待，若只是身惡業的淨化，就不是成等正覺，所以不一定。

問：**那麼法、報、化三身是同時證得抑或分證？**

答：依你如何看待而定，若你認為法身是來源，報、化身由此而來，那麼報化身便是在成正覺後才發生；但若你看待化身如同你去看佛陀、而報身如同菩薩在看佛，那就不同了。因此看你的觀點和方法而有所不同。

問：**一位合格上師當具何資格？**

答：必須有能力延續佛陀純淨教法以利益眾生，當你有能力如此做時，你就自然地成為一位老師，否則你就得提高自己身分來裝扮老師，但那不具任何實質意義，真正的老師就是真正的老師。

問：**每個傳承中都有無量教法，是否每位上師只持有其中部分傳承？**

答：依人而定，有的上師持有許多教法，有的只持有少數教法。

問：請您談談西藏的四大教派。

答：現在一般人將西藏佛教依不同傳承性質分成四大教派，但你若仔細研究西藏佛教，將會發現是不容易下結論的。本來西藏有八大教派，但今日僅存四大教派，一般人也如此稱呼著。

問：所謂的不分教派是心理上如此認為，但實際上追隨一派傳統，或實際行為上也是如此呢？

答：如果你要把它複雜化，任何事都可變得很複雜；如果你要簡單些，世界都是簡單的，這全依人而異。但一般說來，你只能一次向一位老師學習佛法，你無法同時向一百位老師學法，即使是一百個人同時談話，你也無法聽下去：如果你夠聰明的話，從頭到尾只學一樣東西是較容易的。

＊生法宮與虹光身

問：請問生法宮的意義。

答：生法宮的兩個三角形，一個代表宇宙，一個代表眾生，二者合一便成生法宮，這是淺釋。

問：請問虹光身是否有不同等級？圓滿次第與大手印所化之虹光身是否不同層次？

答：每個人所證到的虹光身都是不同的果位；但這類問題無法解釋，除非你自身親證。就像你問中國食物與印度食物的味道如何不同，只有自己嚐過才知道，而一百個人吃同樣的中國菜也有一百種感覺，這很難解釋。

問：您說因人而異，這是因所修法的限制或個人根器不同而產生的結果？

答：都有關係，而且不只這兩種關係。如果你把其關係予以分析，將有百、千萬種原因；所有的事也都如此，不只是虹光身而已，即使僅是開車，也有許多原因來說明你為何做得好或不好。

問：噶瑪噶舉派的圓滿次第修持中，為何大都主修金剛亥母法？

答：金剛亥母是噶舉派的主要本尊，這就是原因。

問：但上樂金剛或喜金剛都有自己的圓滿次第法，為何不修這些而獨選金剛亥母法呢？

答：這是傳統，過去的祖師如此做，我們也如此做。這跟為何有許多人開豐田汽車、為何有許多人穿跟你一樣的衣服是相同的問題。每位祖師如此做，現在人也如此做，人們對金剛亥母法比其他熟悉，所以變成這樣。

問：有特殊理論根據嗎？

答：你的錄音機為何向這邊轉，它向那邊轉不是一樣可以嗎？祖師修此法成就，便傳此法給弟子，所以弟子就照做，這即是理由。

問：大手印或大圓滿是建立在生起、圓滿次第的基礎上嗎？

答：依人而定，有些人修大手印後證悟很高，有些人卻什麼也沒得到，大圓滿也是一樣。人的內在沒有人可以看見，如果你說自己是佛，而別的多數人也相信，但你是不是佛，只有自己知道真假；所以大手印、大圓滿，甚至大乘、金剛乘，就如同一個人的外表，也許很好或很美，但其內在則十分難以了解。

問：解脫道與方便道有極大不同，這表示有些次第可跳躍嗎？

答：真正發展上，沒有人可能跳躍，但有些人可能前世已具足一些基礎，所以這一世不必重做，而外人認為他跳躍某些次第，其實不然，他只是前世已修過了；而被染污的人，因為想簡單一些或真正修過了，就跳躍過去，然而其中並沒有什麼法則說誰可、不可跳躍的，因為人人情況不同，不可能有統一法則可循。不過真正修行中不可能有跳躍的情形。

問：所謂跳躍某些次第，是指省略這些次第或只是循另一個方法修持？

答：都有可能，有一些人可以省略某些基礎，因為已做過了，不過通常是只有一條途徑。

問：寂靜相和忿怒相有何不同？

答：寂靜相是寂靜的，忿怒相是忿怒的，這就是不同。

問：在果位上有無不同？

答：都是究竟正覺，僅方法不同。

問：你說的覺悟是僅有一個層次嗎？

答：究竟覺悟不僅是一個，它是超越的。

問：喜金剛本續中的根、道、果，為何各有無上部四灌頂？

答：原因就是佛這樣說！

問：有特別原因嗎？

答：當然有，原因就是結果。這跟問說為何你只有兩個眼睛而不是四個一樣，答案就是因為你只有兩個眼睛。

＊三身區別

問：法、報、化三身如何區別？

答：佛心即法身，報身即佛證果時的形相——為人所見，化身便是一般人見到的佛。就像在水中魚可呼吸，而水卻令人窒息一樣，水是一樣的，但不同人看到的便不同。菩薩見到的是佛的報身，凡夫見到的是化身。

問：法、報、化身所傳之法有何不同？

答：這個世界的人只能聽到化身佛的法，他們看不到法身、報身。

問：但據說密宗是由報身佛所傳出？

答：這是依聞法的人而定，菩薩領受到報身佛法，凡夫領受到化身佛法。

問：那為何噶瑪噶舉皈依境上畫的是金剛持佛？

答：它是法、報、化三身合集，藍色表法身如虛空無形相，身莊嚴表報身，看起來像佛陀表化身。

問：請解釋四部密續之不同？

答：事密、行密、瑜伽密、無上瑜伽密之間有許多不同，但僅是四種形態，而非全然不同。事密可成佛，無上瑜伽密也可成佛，並無真正不同；但在形態、風格上而言，在事密中不可吃肉，飲酒，而行密較強調內涵而非形相。簡言之，四部密續僅是方法上不同。

問：但為何事密的法本中，也有自生本尊？

答：這是特別法本之不同，通常在事密中是沒有這樣的，但依傳法人之不同，有時在事密中也有如此觀想。

身永遠都是本來清淨的本尊壇城，
所以千萬不要輕視或隨時燒它（燃身供佛）。

起執著的是心不是身體

〔噶瑪噶舉派〕第三世蔣貢康楚仁波切

Jamgön Kongtrül Rinpoche, འཇམ་མགོན་ཀོང་སྤྲུལ། 1954－1992

一九五四年生於拉薩，六歲時，在錫金舊隆德寺由大寶法王為其舉行坐床典禮。仁波切是法王的心子，從沒分開過；亦師承大成就者第一世卡盧仁波切。一九八五年仁波切首度來台，成立「台灣噶瑪噶舉委員會」。一九九一年應噶舉佛學會之請，在台北中泰賓館給予時輪金剛灌頂。隔年四月，仁波切在尋訪十七世噶瑪巴轉世靈童的途中，發生車禍猝然離世。

訪問日期：一九九一年十一月十三日

問：大乘有燃身供佛的說法，是否金剛乘亦有？

答：依據顯宗的經典，有燃身供佛的說法，不僅如此，捨身都是應該的。從金剛乘而言，是從淨觀來談我們的身體，我們的身體其實就是本尊的壇城，一旦有了人身，所有的精華，包括脈、氣甚至所有的毛孔，都是勇父、空行，由此觀點言，做燃身的行為是不正確的，因此這問題需看你所討論的層次而定。

即使在顯教的經典中，燃身或捨身是指不要執著你的身體，但在金剛乘所談的是，執著是你「心」在執著，而不是你的身，身永遠都是本來清淨的本尊壇城，所以千萬不要輕視或隨時燒它。

以正確的發心修持本尊法，
並且不以自己所修法為殊勝而生驕傲之心。

〔噶瑪噶舉派〕第十二世嘉察仁波切

Goshir Gyaltsab Rinpoche, རྒྱལ་ཚབ་རིན་པོ་ཆེ། 1954－

一九五四年出生於西藏，四歲時，第十六世大寶法王認證，親自為其剃度，為法王四位傑出法子之一，同時又是法王的代表和攝政。歷代嘉察仁波切以傳授經續奧義來延續噶舉傳承精華、圓滿大寶法王的聖願，是備受推重的佛法大師。仁波切是金剛手菩薩、普賢菩薩、阿難尊者的化身，也是迎請文成公主到西藏的大臣噶東贊化身。目前駐錫於錫金拉浪寺，並代管隆德寺那爛陀佛教大學。

訪問日期：一九九一年八月

問：如何得到成就？

答：以正確的發心修持本尊法，並且不以自己所修法為殊勝而生驕傲之心。

問：僅僅止觀雙運是否可產生妙慧？

答：需輔修其他諸法。

問：以密勒日巴之方式修行是否可以成就？

答：時代不同了，這個時代要如密勒日巴住山苦修極為困難。

問：證得空性後是否不必再修？

答：僅了悟空性並非已臻究竟，了悟空性是了解萬法皆因緣生，無其獨立性存在耳。

問：四加行無法清晰觀想皈依境，並如法（實）圓滿四十萬遍時怎麼辦？

答：簡單觀想自己前方是皈依樹，右方是如父眾生，左方是如母眾生，後方是寃親債主即可；禮拜時僅要以身、語、意全心禮拜，甚至只有心中認定前面是皈依對象亦可。除了要進行閉關的人之外，未能圓滿四十萬遍加行並沒有什麼不對，事實上在西藏寺院的忙碌生活中，許多人都沒有完成四加行。

如果行者不能提升其明點、擴至全身，甚至明點漏失，與一般人無異，

這是不被允許修習密乘的。

在密乘基本的十四根本墮中，

如果行者於雙修中漏失明點，那麼他破了第五條戒。

外雙運的戒律

〔香巴噶舉派〕第一世卡盧仁波切

Kalu Rinpoche, ཀ་ལུ་རིན་པོ་ཆེ། 1905 - 1989

仁波切生於西藏東部康區，十六歲在上師蔣貢羅卓泰耶的住錫地「札扎仁千札」的閉關中心完成三年閉關，之後繼續在山間閉關苦修十二年。曾受命於第十一世錫度仁波切擔任八蚌寺及「札扎仁千札」閉關中心的指導老師。他是香巴噶舉傳承持有者，被視為西藏教法與證法的至尊，佛法事業廣大，從藏區到印度、不丹、錫金、尼泊爾，一九七〇年更前往歐美、亞洲等地傳法，是藏傳佛教傳入西方世界的先驅人物。

訪問日期：一九八八年六月二十日、二十八日

＊傳承的意義及傳承真偽的判別

問：密法首重傳承，能否請您解釋傳承的意義？而傳承又如何延續？

答：傳承在密法中非常重要，傳承源自釋迦佛，由他傳給他的主要弟子們灌頂與口耳教授，再由這些弟子們完整地傳給下一輩弟子們；如此透過師徒間無間斷的相傳，以迄於今日，傳承也將以此方式延續下去，這有如薪火般的傳遞，如果中途斷掉了，那麼將永遠無法再延續下去。以噶舉派的傳承為例，乃由金剛持佛傳予帝洛巴，再傳那洛巴，再傳給西藏大譯師瑪爾巴，再傳密勒日巴、岡波巴而至歷代噶瑪巴，以至今日如傳予卡盧仁波切等。我們說傳承是由一位上師傳給一位徒弟，但事實上一位老師可能有很多位徒弟，只要是接受過上師的灌頂、口傳與教授者，都是接受了傳承。

問：如何證明是否擁有真正的傳承？

答：如果一位喇嘛、修行者，了解法本的涵義，他的禪修也不錯的話，一般就可證明他擁有傳承。

問：那麼寧瑪派的伏藏，是如何延續其傳承呢？

答：基本上並沒有太大的不同，因為伏藏乃由寧瑪派傳承祖師蓮花生大士所埋藏，再由他所授記的弟子去取出。

*噶舉傳承及時輪金剛

問：如果說任何受過上師完整灌頂、口傳、法本教授的弟子都擁有該傳承的話，為何媒體報導都說，卡盧仁波切您是香巴噶舉唯一傳承的持有者呢？我的意思是說，仁波切有這麼多的弟子，您可以傳給他們啊！然後香巴噶舉的傳承持有者會有許多人，就不會斷絕了。

答：今日已有許多喇嘛接受香巴噶舉完整的灌頂、口傳、法本教授，但他們一般都沒有深入的去修習香巴噶舉的教法，這就是為什麼卡盧仁波切是香巴噶舉教法傳承唯一持有者的原因。像現在在場的嘎旺喇嘛、敦珠喇嘛等，都已完成了三年三個月的閉關，他們也都修習了香巴噶舉的教法，他們以噶瑪噶舉與香巴噶舉的教法為主要修法，只要修得好，他們就可以將此傳承教法傳授下去。

問：也就是說卡盧仁波切是香巴噶舉的代表人物，但並非傳承的唯一持有者？

答：有許多喇嘛可傳授香巴噶舉的教法，像紅帽法王夏瑪仁波切、泰錫杜仁波切、蔣貢康慈仁波切、嘉察仁波切、貝魯欽哲仁波切、創古仁波切、天噶仁波切，這些人在過去我都已給予完整香巴噶舉的教法。

問：那麼為何有些媒體說，時輪金剛教法只有卡盧仁波切與十四世達賴喇嘛可以給予？

答：今日有許多喇嘛已從我這接受了時輪金剛的灌頂，但沒有多少人深入修持此法，如果他們修得好的話，也可以傳授時輪金剛的教法和灌頂。

＊究竟與不究竟灌頂之區別

問：灌頂的得到與否，是不是有什麼現象可以證明，或凡是參加者全部得灌？

答：首先在灌頂過程中，喇嘛不只自己觀想，並且已為所有的弟子觀想，所以上師與弟子間已有了某種關連，而弟子又認為自己得灌的話，此方便灌頂中的弟子便已被種下了某些種子。

問：但很多弟子在參加灌頂時，無法如實的觀想或根本聽不懂上師在說什麼，但他自認他已得灌，則又如何？

答：究竟的灌頂是很難得到的，無論如何，如果弟子參加灌頂後認為他得灌了，而上師也如實地做了每個觀想，弟子將得到一些加持。

問：既然究竟灌頂是很難得到的，那麼得到究竟與不究竟的灌頂，到底有何差別？

答：究竟灌頂沒有任何形式與對待，只是使我們認識心的本性。大部分的人並不能了解，以為是什麼祕密；而有些人自己不能了解，所以就以為沒有用，或是產生錯誤的見解、想法，這是由於惡業的關係。

問：這種人是否被允許修法？

答：這些只得到加持與外相灌頂的人，只要如法修持，也可以逐漸地開發其心性。如受過初灌的人可觀想自己為本尊，受過祕密灌頂的人可持頌本尊心咒，受過智慧灌頂的人可修學禪定等。

＊金剛上師資格與根本上師之意指

問：金剛上師的資格是什麼？

答：金剛上師最好有菩薩的資格。（笑！）但只要接受了傳承完整的教法、灌頂、口耳傳承及不共的教法，和修持得非常好，有慈悲心，並對灌頂的每一步驟，每一道準備手續都了解，並且能做到的人，就可以當金剛上師了。

問：但一個自己沒有成就的人，如何能帶別人往成就的路上去呢？

答：只要一個人擁有上述的資格就可以了，重要的是這個人要有很深的慈悲心。

問：根本上師的意義是什麼？如何知道誰是自己的根本上師。

答：你從哪位上師處得到完整灌頂、口耳傳承，並因此而發現心的本性，此人即是你的根本上師。一般來說，你自己覺得有深厚、特殊信心的就是你的根本上師。

＊認識上師及弟子間的對待關係

問：上師和弟子間不是需要互相觀察相當久的時間嗎？但現在我們在台灣的弟子只能從廣告來認識包裝過的上師，怎麼辦？

答：這是事實，弟子需仔細觀察上師是否真的具德、有資格教授；而上師也要觀察弟子是否真的有求法的熱誠、真是修法的根器、有無信心等。但基本上，除了信心之外，有特殊的感覺，加上觀察上師行為有沒有名利之心，以此去選擇親近就可。

問：但密法不是很危險嗎？如果上師不慎選弟子而傳，如何能真實利益弟子呢？

答：喇嘛如果沒有考驗、檢擇其弟子，弟子對他就好像敵軍一般。（笑！）但現在一次灌頂人數那麼多，真無從選擇、考驗起，所以上師把所有受灌弟子都想成天神般；然後弟子們自己對上師也有信心，在這個時代來說就夠了。受灌者最重要的就是對傳法上師不要有任何錯誤的見解。無論如何，把一切都當做不錯，讓一切順其自然就好。密乘為何稱密，因許多人對它有錯誤的見解，為了避免如此，因此需保密，另一方面對自己也有利。

問：釋迦牟尼佛反對偶象崇拜，但如今如何避免弟子對上師偶像化、神像化呢？

答：佛不是神，是智慧的「神」。（笑！）密乘行者所修的是佛的智慧和利他的行為。

＊口訣與灌頂之區別等問題

問：口訣和灌頂有何不同？

答：灌頂你已經知道了。而口訣是上師與弟子間一對一的教授，弟子在禪修上有什麼要改進的地方，上師便一一指導，以利其禪定之進步。

問：那麼口傳呢？如果時間太短，不能給灌頂的話，就以口傳給他持咒或看法本的權利嗎？

答：口傳就是喇嘛把法本快速地唸一遍，使弟子聽受一遍，把其中的要義簡單說一下。

問：只經口傳，弟子是否可修持禪定等？

答：顯宗的部分僅口傳即可；但密宗的部分則非經灌頂不可。

問：無上瑜伽部中的四種灌頂是一次一次給，等弟子修好了再給呢？或是一起給？

答：古代是一次給一個的，但現代是一起給。

問：受一個灌頂，如紅黃文殊菩薩，是否能修持任何不同身形、顏色、傳承的文殊菩薩法？他們有何不同？

答：不可以，不同的傳承如薩迦、寧瑪、噶舉、格魯派之間的法不同，顏色和身形也不可換，只能修那個傳承，那個身形、顏色的法。

問：**密乘的修持，似乎在年輕時比較得力，那麼如果有年紀大的人也要修持，該如何？**

答：似乎年輕人與年老人並沒有不同處。但年輕的人氣、脈、明點強，所以可較快成就；但老年人因氣、脈、明點較弱，故難成就。

＊大手印、大圓滿、虹光身的介紹

問：**大手印、大圓滿、道果有何不同？**

答：名稱不同，但究竟禪定相同，證到的果位也一樣。

問：**虹光身是即身究竟成佛的唯一證據嗎？與天色身有何不同？**

答：虹光身有（分）很多層次，如果死後什麼都沒留下，可以說是究竟成佛了；如果留下頭髮、指甲等是中等的虹光身；如果身體縮小是最次的。上述兩種表示證到不同菩薩的果位，但也有不示現任何跡象而成就的。

＊外雙運（實體明妃）的質疑

問：可否不經外雙運（實體明妃）而得究竟成就？

答：是的，是可以不經外雙運而成佛。如果一個人的修行相當好，那麼他將快速地究竟成佛；但如果行者對佛法不夠了解，禪定的功夫不好，又無法產生任何覺受的經驗，那麼無疑地，他就必須依賴外空行母。

問：但使用外空行母這種修法，與中國人的倫理觀念相違，這是一個大問題？

答：是的，這完全正確。這是因為小乘、大乘的教法中都沒有這項，此乃屬於金剛乘中的獨特修法，如果行者的禪定境界不夠，那麼這跟世間婚姻就沒有不同。

問：那麼這會不會成為密乘在台灣傳播的阻礙呢？

答：這個問題也發生在西藏，雖然密乘在西藏廣為流傳，但行者如果沒有好的禪定而修此法，也會引起信徒的排斥。當男女雙方行此法時，藉由明點傳至全身，即提升其明點並令其擴至全身，藉此以得加持，在此基礎之上以證得空樂，去了解心的本性——空性。如果行者不能提升其明點、擴至全身，甚至明點漏失，與一般人無異，這是不被允許修習密乘的。在密乘基本的十四根本墮中，如果行者於雙修中漏失明點，那麼他破了第五條戒。中國和西藏的情形是一樣的，如果誰修此法而不能正確地禪定，那麼人們都極度不能認同。

＊金剛乘對治五毒的方法

問：此世界的眾生有著種種欲望，特別是貪欲熾盛，在金剛乘中有沒有持修的方法來對治呢？

答：貪和欲求並非人類僅有的心理狀態，此外還有瞋恨心、愚痴心、傲慢心、嫉妒心……等，無量的貪欲其本質上都是一致的。如果我們不能徹底去除這五毒，是永遠不可能證悟佛境的。佛法中有許多種方法來幫助我們對治五毒，一種就是遠離、放棄；一種是是去轉化它；另外一種是透過對五毒本質的正確體認，承認它的存在而得解脫。在金剛乘中採用的是第三種方式——從五毒中去承認它存在並了解其本質。

舉例而言，在金剛乘中，放棄貪欲是沒有必要的。我們透過雙運的方式，使明點上升至心輪、眉輪，以至全身，在此經驗中，我們藉禪定，去了解什麼是實體；而明點並不漏失於身外，透過它在體內種種的經驗，使我們了解到心的本性，也就是說我們並不放棄、遠離它，反而利用它來了解心的本性，並證入佛性。

舉例而言，如果一個人吃了毒藥就會死，但如果我們把毒藥給孔雀吃的話，它的身體卻愈來愈好，羽色愈來愈漂亮；同樣的道理，密乘中用雙運的方法來對治貪欲，藉此來證悟佛性，雖然貪欲是毒藥，卻可利用此法幫助我們成就。

再以另一種人心的毒藥——愚痴而言，在此方法上，由於痴是一種心的毒害，故必須放棄、消滅。在大小乘佛法中，修行者睡得很少，用禪定、累積功德的方法來對治，因為睡眠和夢境被認為是痴愚的現象；但在密乘中，就可藉修夢瑜伽，藉著睡眠、夢境來證悟佛性，我們不需放棄它，並可藉此成就。

也就是說，在密乘中我們不但不必放棄五毒，並且可藉著五毒的力量來幫助我們成就，這是它特有的精神所在。

問：請問時輪金剛法傳承的由來？

答：一般來說，首度解釋時輪金剛的是釋迦牟尼佛。其時機因緣乃由於北方香巴拉王國的第二任國王達哇任波（Dawa Zangpo）之來訪。因為達哇任波是神聖的時輪金剛之化身，他請求佛陀給予時輪金剛法的灌頂和教授。最後，在南印度Draypung佛塔，佛陀給予一切密法之灌頂，每一個法都有自己的壇城；特別的是，佛陀在此也給予神聖的時輪金剛壇城之完整灌頂。

此時國王達哇任波接受了灌頂，透過佛陀和國王不可思議的力量和功德，許多偉大成就的眾生出現在香巴拉國國王的侍從中，他們也接受了完整的灌頂和口耳傳承。從那時起直至今日，所有的祕密真言教法、小乘、大乘，特別是時輪金剛的所有主要、次要教法都傳流於此國。

現在是由第二十一代國王瑪卡巴（Magakpa）統治，自他登基和執政以來已有五十年了。如果你懷疑這消息怎麼如此清晰為人所知，這是由授記書上所明確給予，詳細到連國王的名字、他將執政多久、何時登基都清楚地呈現在該授記書上。

問：香巴拉國在那兒呢？

答：那似乎是這世界上一個隱藏的國家。有一些說法是在北印度或西藏，在密續中解釋地十分詳盡，說是由一個高大雪山所完全圍繞的國家，大到據說有九千二百萬個巨大城市於其中。現任國王是第二十一代王朝，第二十五代國王將由一個時輪金剛的化身所擔任，並將控制全世界。在那時候，一切金剛乘教法，特別是時輪金剛法將廣傳一百年，這些事情是由佛陀詳細說明的。

曾經有一次機會，香巴拉王到克什米爾這地方三個月，不只如此，許多偉大成就的瑜伽士亦曾從印度到香巴拉國旅行，而喇嘛烏金巴和多羅那他甚至從西藏到達香巴拉國，他們旅行並訪問北方香巴拉王國的見聞作品至今仍存。所以似乎是一定有這麼一個地方存在。

問：時輪金剛的殊勝何在？

答：因為時輪金剛是最高的密法，據說只要看到時輪金剛的壇城，百萬劫來的惡業都被淨化。不只如此，其灌頂儀式的功德在密續中如此說到：凡個人身體疾病、心理上不快樂、戰爭或其他國家的不幸事件，都將因時輪金剛大灌頂的舉行而全部平息。

問：什麼是心的本性？

答：心的本性是一個非常重要的主題。佛陀教法的完整蒐集被稱為「佛的內在教法」。為何稱為內在教法呢？因為外在世界和我們的身體被認為是外在的，而我們的心靈被認為是內在、祕密的。

這個宗教的首要關切在於利益人心，所以被稱為內在宗教；給予這個利益心性宗教教授的是佛陀，因此被稱為佛陀的內在祕密宗教。這個教法的主要目的在於，顯現出心的本性來利益心靈。

如果一個人不了解心的自性，便不可能達到究竟佛果。雖然有多種教法可帶領我們在佛道上前進，但只可趨近佛果卻不可能達成佛果。為什麼呢？因為佛果只能透過究竟了悟自心本性而達成。

問：是什麼原因使我們不能了解自心的本性？

答：因為我們為「無明」所障蔽啊！就是習慣的二元性執著障礙，和過去世中種種惡行所成的業障。因著這些障礙，我們現在才經驗了負面情緒、煩惱的障礙；因著這種種障礙，我們完全不能夠了知自心的本性，因而使我們陷於永不休止的輪迴之中。

問：那麼了知自心本性的方法是什麼呢？

答：有許多了解自心本性的方法，分別被稱為小乘、大乘和金剛乘，於其中蘊含了八萬四千種不同法門之教授。這一切法門都是為了了知自心的本性。其中，究竟之法被稱為「大手印」或「大圓滿」，它們能夠清晰地指示出心的自性的實相。所以一旦我們接受了此類教授，便不可能不了解心的自性。

問：什麼是我們所謂的心呢？

答：啟發我們種種不同想法，使我們經驗種種不同情緒、煩惱，如「我是」、「我有一個心」等想法，這就是心。

問：心是什麼樣子呢？

答：我們常覺得「我有一個心，它是真實的」，然而在脫離這個印象之外，我們又無法真正注視心的存在或了解它。那麼心到底是什麼樣子呢？心性自身的本體就是空性。我們所稱為「心」的，並沒有形狀、顏色，從任何一方面來說都是如此，心並非任何東西，他的自性是「空」。但他並不是簡單的「空」而已，他還有「明」的一面。什麼是明呢？舉例來說，在中國或印度或其他任何國家，去認識天空、大地……等其他任何東西是什麼的能力便稱為「明」。現在空和明之中並沒有任何東西，所存在的是永不斷絕的「覺知」。

問：什麼是永不斷絕的「覺知」呢？

答：他是認識、覺察客體的能力，即「思惟」這是天空、那是大地、太陽、月亮、海洋、山等等的能力，這是覺知。

空、明和無礙的覺知一起構成了我們所謂的「心」。而心的本質是空，它是永恆的。舉例言之，我們無法指定過去的一個特定時間，例如幾百年前，說從那時候心識開始活動，現在我們也無法拿出一個實際存在的東西，然後說這就是心，也不能說在未來特定的一點，心識將停頓。它永遠處於有如虛空的狀態中，永遠不被摧毀，心的本體是空。

問：心與輪迴的關係為何？

答：只要不了悟上述心之實相，眾生便處於輪廻之中。透過了解、體悟自心的本性，人便可達佛果。這就像手背與手心，手背不能做任何工作，而手掌卻能，其中差異就如此例。所以了知自心本性是極為重要的，在大乘佛法中這就是大乘的心要所在，正如奶油是牛奶之精華般，這是心的本性與輪迴的關係。

如果你知道佛法，便可能透過不同的法門去淨除染污和障礙，有如陽光逐漸清除烏雲一般。當心的本性已被了悟，佛果也就達到了。一旦一個人達到佛果，便展現出不再於輪廻中有任何疑惑的佛的特質。因此這樣的成就是有大利益的，而此出世間成就全賴於了解自心的本性。佛法的要點在於心性自身，了解佛法將自然地導向了悟自心。如果你能了悟自心，則達到佛果是指日可待、毫無困難的。因此了悟自心本性極為重要。

問：觀音法門的重要性如何？

答：觀世音菩薩即是一切諸佛的大慈悲心，是為利益一切眾生而化現。觀世音並不是一位男性或女性的名字。在藏文中第一個字「千」（拼音）是眼睛的敬語，如此的眼睛以無盡慈悲心日夜不斷地看護眾生，「西」這字就是去看。所以他或她被稱為「千那西」——觀世音。

有許多女性身形的觀世音菩薩，也有很多男性身形的觀世音菩薩。有一些是白色，一些是黃色、紅色、綠色、藍色等種種顏色。觀世音菩薩也有千手千眼、十一面、八臂、四臂、二臂等種種身形。

為什麼觀世音菩薩這一個本尊有這麼多的身形和顏色呢？因為每一個眾生有著不同的性格。譬如一個餐廳裡的每種食物並非只針對一個人的口味而提供，許多種食物是為了不同人的需求而提供的。同樣地，一個化現這麼多不同身形的本尊，是為了讓眾生去選擇他所最喜歡的，以利眾生修行而獲得廣大利益。

問：修習觀世音菩薩法門的利益是什麼呢？

答：如果一個人如法地以此本尊的身形禪修、持誦咒語，並將自己的心定於觀世音菩薩的定境中，最佳的結果便是成佛，因為這是密法的一部分，它是可能在一世中成就佛果的。即使一個人不能做到這樣，藉由對觀世音菩薩的信心和一心祈請，並全心全意地持誦「嗡嘛呢唄美吽」（Om Ma Ni Paymay Hung）這六字大明咒，便可獲得極大的加持力和助益，這跟祈請阿彌陀佛或持誦阿彌陀佛心咒「嗡阿彌德瓦啥」（Om Ami Daywa Hri）是一樣的；因為他們的精髓無二無別，甚至只要記得六字大明咒都能獲得極大的加持力，即使一個人完全不懂佛法，誠心地持誦此咒，亦能不墮惡道而逐步證悟佛果，無論是持誦此咒、聽到此咒，或任何藉風勢而觸到持誦此咒者的呼吸者，都將同獲其利益。

修學觀世音菩薩法門的利益和必要性，佛陀曾在二十一種不同的經典中有詳盡的解釋，特別是在「普門品」這部經典中。這部佛經在中國廣泛地流傳，我相信是因為信仰大悲觀世音菩薩這個本尊的信心，以及「嗡嘛呢唄美吽」六字大明咒的無上加持力。過去這個觀音修法在印度、中國、西藏都廣泛地流傳，同時也是被祈請的主要對象和禪定的修習主體。

特別是這些日子以來，我在全世界公開這個觀世音菩薩的修法，為什麼呢？因為，在西藏有一個大成就者唐東嘉波（Thang Tng Gtyalpo），事實上，他是觀世音菩薩的化身，他活了一百廿五歲；但對有純正觀照力的人而言，他則活了一百五十歲。有一次當他修觀世音菩薩法時，觀世音菩薩示現在他面前，給了他一個法本，並授記「如果你將此禪修法教予他人，必將利益遍及世界的無量眾生」。這便是這個名為《利益虛空有情》法本的源由。在過去此法僅在全西藏和中國部分地方流傳，現在則已傳遍全世界東、南、西、北的每一個角落，真正圓滿了此法本的名稱《利益虛空有情》。

一切經由看到、聽聞、思惟或碰觸到觀世音菩薩而與之有關連的人，在最短的期限內將解脫輪迴痛苦並究竟成佛。所以觀世音菩薩法門可以做為一個人的主要禪修方法，而且也沒有比這更好的法門了，這是利益極廣的修學法門。

問：持守戒律對修學佛法的重要特性何在？

答：佛法就是教導我們放棄一切身、口、意的惡業，並修習一切身、口、意的功德。身為上述修法的支持者，在家戒有極大利益；如果沙彌、沙彌尼、比丘、比丘尼的戒律持守的好，其至有更大利益。

為什麼會如此呢？這是因為根本上在家戒是守四根本戒再加上不飲酒戒。無論如何，在四根本戒之下，一位男性不需要放棄與女性的性行為，女性亦然；如果一個人決定結婚，那麼除了配偶外，男性不得與任何女性有淫行，女性則不可與其他男性發生性關係。藉此，負面情緒、煩惱的力量將縮減，妒嫉、貪求和瞋恨心也將減少，而功德也容易修習了。不僅如此，由於受戒，使得殺生、偷盜、妄語和其他形式的惡業都被預防、制止而不發生，善業的活動變得容易了。

出家戒和在家戒之中有相當大的不同，如果受了沙彌或比丘戒，所有的性行為、殺生、偷盜、妄語都要完全放棄，因此一切惡業的巷道都被封鎖。這些誓戒是非常有用的，一切形式的善業將會變得更容易修學，而功德也快速增加。

問：修學小乘、大乘、金剛乘，和戒律的關係是什麼？

答：立基於在家、出家兩種誓戒的基礎上而言，如果一個人希望修習小乘教法，首先他可以靜坐，嘗試將心置於在禪定狀態的一點上，如此他將經由禪定的步驟而讓個人於輪迴得以自在、快樂，並擊退一切負面情緒、煩惱——此乃眾生的大敵。

在大乘中，空性的狀態將被清楚的了悟，大悲心也對未能了悟空性的眾生發起，他將修習六波羅蜜以廣積福德，因為一個人立下了誓戒，這使得修學佛法容易得多。

在金剛乘，一個人的身、口、意和色、聲、香、味、觸、法都被轉化，由負面轉為正面，一切現象都被轉化成本尊的身形、咒語和壇城，這是接受加持的圓滿意義；如果一個人能真正地如此禪定，他將如至尊密勒日巴一樣在一生中即身成佛。

無論你想修學那一種佛法，遵守全部或部分出家戒、在家戒，都對佛法的修習有深遠意義和極大助益。

台灣人雖然知識水準高，
但到寺院去就是為了事業、考試順利，再不然要想有個小孩，
你們總是去要求什麼然後給一些東西，跟做生意一樣，
是非常功利、物質性的宗教，這不是佛法的內容。

〔香巴噶舉派〕嘎旺喇嘛

བླ་མ་ཀ་དབང་།

加拿大籍的嘎旺喇嘛，於一九八八年隨侍第一世卡盧仁波切來台，擔任翻譯。

訪問日期：一九八八年十月二日

問：您為何學習藏文？以英文學習密法是不足的嗎？

答：我學藏文的唯一原因是想了解卡盧仁波切，因為他不會說英文，也不會法文，藏文是他所使用的唯一語言，所以我想要學藏文；此外，在我們閉關中心的指導老師也是說藏文，而且大部分法本仍是藏文。

問：可否談談美國或加拿大的佛教中心？

答：台北的「利生中心」和卡盧仁波切在世界其他地方的中心一樣，大部分的會員都是大學畢業、年輕而想了解佛法的人。當然啦，卡盧仁波切的中心一向都是很窮的！當卡盧仁波切的喇嘛們今年來到此地時，他們覺得好像回家一般。東南亞的中心通常都很忙碌，但成員大都是年輕人、很聰明，都想修行，就像卡盧仁波切其他的中心一樣。

在台北有很多的中心或寺院，這有點像西方的教堂，老年人都有些迷信，並非真正了解宗教內涵，他們只是去拜拜，當需要幫忙時，他們就到教堂，但自己並不怎麼修行，這點東西方一致。但在西方的佛教中心，去的都是了解佛法、想修行的人，不像佛教在台灣雖是傳統性宗教，但人們似乎並不怎麼了解佛法的內涵。

現在西方人對三年三月的閉關十分感興趣，所以我們在法國閉關，現在法國已有六個三年三月的閉關中心，還有一個在英格蘭，一個在蘇格蘭，西班牙也將有，加拿大有一個，美國有二個，已遍及全西方世界。似乎台灣也將會有，台灣跟西方在學習西藏佛法，基本上沒有太大不同，西方人對三年關都有興趣。

＊西方佛教徒情況

問：由於佛教是中國的傳統宗教，所以台灣人知道、也願意供養寺院、僧侶許多錢，這和西方不同吧？

答：台灣的情況是：人們樂於布施、給錢——如果他們認為會有什麼回報的話，也就是說他們的慷慨是以回饋做基礎的。像公司、家庭發生什麼事了，或者想要福報，或想要其他什麼的。我不知道這樣是否也可稱慷慨或布施？因為布施是不要求回報的；但這裡跟做生意一樣，我給你一些好處，你也要給我什麼才行，也許他們相信佛法有力量可給他們什麼東西，但這只是在買東西，這不是修習布施。的確有一些人是用「心」在布施，但這種人在台灣太難遇到了。

問：西方人普遍沒有布施的習慣，因此有些西方僧侶則必須工作養活自己，是嗎？

答：沒錯！我們常需工作個一年半載，才有錢去閉關。我的一些朋友十分強壯，他們去做礦工；在西方我們必須工作，但那也很好；在法國的情形可能好些，但出家僧侶仍被期望必須要去工作。

問：就您所知，加拿大有多少佛教僧侶呢？

答：有許多人信仰西藏佛教，修四加行或閉三年三月的關，或較短的關，但出家的人很少，我想這跟台灣的情形類似。如果你穿著僧袍到商店去，就跟你拿著外國錢（例）如：美金或港幣在台灣買東西一樣，他們知道那是錢，但不知道是好是壞。人們並不知道出家是怎麼回事，只知道你是佛教徒，但不知內容與好壞。在北美洲，出家並不是很被支持的；法國可能好些，他們有這樣的傳統，並且有一些很大的中心，國內也有很多僧侶；再就台灣來說，出家當西藏僧侶的人並不多，因為大多數的人不怎麼了解，道理是一樣的。

問：據我所知，西藏比丘尼戒已斷絕了。

答：西藏的比丘尼戒已斷，但仍有沙彌尼戒，而現在有一些西藏比丘尼到香港或台灣受中國佛教的比丘尼戒。

問：西方的藏傳佛教中心以藏文或英文教授嗎？

答：這要看喇嘛才知道。

問：我是指大多數會員的學習。

答：如果喇嘛不會英文，會有翻譯，在台灣或東南亞也有同樣的問題，你們並沒有藏文、中文的直接翻譯，所以卡盧仁波切每次到台灣，都強調一定要有這樣的人才，兩層翻譯花掉太多時間，使大家都不愉快。在西方有許多優秀的翻譯者，無論是英文、法文、德文、瑞典文、西班牙文都可由藏文直譯，但中文和日文就不行，這是很遺憾的，也是傳法的一大弱點。

問：您們常使用的法本都已譯成英文了嗎？

答：跟台灣中心一樣，卡盧仁波切的中心雖然有英文意譯的法本，但仍以藏文拼音持誦，也有一些喇嘛直接以英文來唸誦法本，但必須是法本翻譯極好，一點也沒有漏失，否則仍以藏文唸誦。在歐洲語言太多種，所以大家同樣用藏文反而方便。

問：您到印度住了多久？

答：總共住了約一年，在卡盧仁波切寺院的山下有一個房間供我們閉關使用，那是在索那達。我們的翻譯計畫則是在菩提迦耶進行。

問：現在西藏佛教在印度、尼泊爾的情形如何？

答：西藏人是難民，跟你們從大陸來此很像，但你們幸運多了，他們在那並不受歡迎，生活相當困難。但有趣的是你們遷到此地後，經濟列為第一優先，到處蓋大樓，如果我走在台灣的任何一個城市，沒人告訴我這是哪裡的話，根本分辨不出來，每個地方都蓋一樣的、不是中國式的房子，一點中國傳統特色也沒有，我想這不是政治因素所致。

馬來西亞等比台灣貧窮的地區，華人居住地的中國色彩反而比台灣強烈。西藏人十分貧窮，但他們想到的第一件事是保存宗教文化，他們一有錢就捐給寺院以維護宗教文化；但在台灣，上自黨政要員等，下至所有學校、教育都以經濟為首要，似乎對自己的文化並不關心。

問：但據我所知，大部分西藏人教育水準很低，幾乎全是文盲，他們是信佛教，但對佛教教義一無所知，您不覺得太迷信了？

答：這跟台灣有點像，當你到台灣的寺院和西藏寺院時，你會覺得氣氛完全不同。台灣人雖然知識水準高，但到寺院去就是為了事業順利、考試順利，再不然要想有個小孩，你們總是去要求什麼然後給一些東西，跟做生意一樣，是非常功利、物質性的宗教，這不是佛法的內容。但西藏人據我所親見，他們頂禮、持咒、繞塔、供養都是從心中發起的，不求回報的；對你們這些知識份子來說，也許他們不能回答你這是做什麼？什麼意思？為什麼？但他們的教育是內化的、內在的教育，不求回報的菩薩行。

我很抱歉必須說的是，台灣的寺院中，如果你許的願望靈驗了你才會給一些東西，才會尊敬佛菩薩，我不想批評什麼，但這是我看到的現象，號稱大乘佛教的台灣，似乎比西藏更不像實際上的大乘。在中國，出家人與在家人之間似乎有很大的距離，弟子雖然尊敬僧侶，但彼此之間是高低、尊卑的；西藏人跟僧侶的關係則很密切，當然他們對大喇嘛也十分敬重，但出家人對在家人好像一家人、父母般；而台灣的在家人似乎也該承擔些修行的責任，別把修行都推給出家人。

問：據我所知在逃亡印度、尼泊爾時，西藏佛教損失了許多修行者。現在印度、尼泊爾的西藏寺院中，好的教師來源並不多，這是否會影響他們傳統的延續呢？

答：是的，許多喇嘛在逃亡途中死亡、被殺或被囚禁，但他們的轉世在印度、尼泊爾、西方，可以說是全世界都有，我對他們傳統的延續並不擔心。

問：歐美大學中的西藏研究課程，和傳統西藏寺院中佛法課程有何不同？

答：去年這段期間我停留在印度，有一個格魯派的仁波切來請教卡盧仁波切、參觀我們的翻譯工作。他是個博士，雖身為轉世，但他懂梵文、巴利文，受過很好的教育，他在大學中教佛學課程。他問卡盧仁波切有沒有什麼可幫忙的，他說大部分的西方學生在學校研讀佛法，像個記者，他們和寺院學習不同處在於，他們把佛法當成飛機、一朵花、一條魚來研究；但是他希望學生能做三年三月的閉關，對佛法有一些實際經驗的體會，或到印度、台灣幾年，來真正了解佛法。但西方沒有像台灣有這麼多人願意幫助長達三年的閉關，所以機會難得。

＊三年閉關

問：您認為西方的三年閉關中心，學生入關之前的準備充分嗎？效果會好嗎？

答：不，三年閉關中心是訓練的地方，你只要做完四加行、學會藏文就可進入，進入後從最淺到最深的教法課程都準備、安排好了，諸如禪定等等。你在那學會一切之後，便可回到你自己的地方，然後才談得上效果。那是一種很好的訓練，我很喜歡，當我向卡盧仁波切要求做第三次三年關時，仁波切告訴我，那不會對我有進步的，叫我到印度跟著他，但我一直還希望有機會做。

問：您們在三年關中修些什麼呢？

答：四共、不共加行做完後，修不同的本尊、護法，那洛六法、尼古瑪六法、蘇卡悉地六法瑜伽，這三種瑜伽後兩種是香巴噶舉派的，還有修大手印等，是非常完美的實修機會。

問：閉關的地方是房間或山洞呢？

答：每個人有自己的房間，大約三公尺見方，有可開啟的窗戶，也有個洞穴，沒有床，我們必須脇不著地，不倒單三年，全天都坐著，以使你的身體改變。

（你現在仍不倒單嗎？）不，我自己有些困難障礙。在關中我們早晚必須一起靜坐修法，由其中一個人帶領著。（是老師嗎？）不是。我們一起修喜金剛或大黑天等，如果有人需要老師才會有老師來教，那是在有個人問題時才會提出此要求的。男女閉關地方是分開的，三年中只有教導修法的人可進來。（那燒飯的人呢？）他也跟我們住，我們不自己煮飯的，當然他可進進出出。除此之外，有時會有喇嘛來看一下。

問：想閉三年關是否非先學會藏文不可？

答：所有的書全是藏文的，但較之英文或中文，藏文是很容易學的語言。

問：您到過其他宗派的中心嗎？

答：我在北美住了十二年，在歐洲時總在閉關，所以以十二年前的事來說是不準的。我到西藏旅行時，是到過許多教派的寺院。

＊西藏情形

問：您到過西藏？那裡現在情形如何？人們仍能修持佛法嗎？

答：是的，一年前（一九八七），他們仍修持佛法，並正在修復各寺院。在文化大革命期間，寺院被破壞得太恐怖、太嚴重了，紅衛兵走了好多哩路，到偏遠的鄉區只為了摧毀一些東西，沒有任何理由，就毀了一切。我問他們，但他們不懂歷史、不知道這些東西是世界性的，連西藏人也不懂歷史（真的嗎？），他們完全與世隔絕，以為中國就是全世界，不知道有歐洲、其他國家，太可憐了。

問：您認為印度與西藏，那一個比較適合修行？比較適合學習西藏佛教？

答：印度比較好，西藏現在佛教老師很少，雖然他們很愛老師，但大部分的人不再回西藏了，所以西藏人民並沒有受到正確的教育，學校裡教的是中文不是藏文，很難使年輕一代的藏胞學習佛法。我很驚訝在寧瑪派的本寺——敏珠林寺、噶瑪噶舉本寺——楚布寺、格魯派——色拉寺等三大寺及薩迦寺中有許多年輕的喇嘛，但他們很少有年紀大的老師可以指導，我不知道他們的水準如何，不過卡盧仁波切和噶瑪巴在西藏原有的三年關房都已重建，我希望這樣做會改善一些情況。但我認為對台灣人來說，台灣是學習藏密最好的地方。

問：為什麼？我以為印度最好？

答：印度是比西藏好，但台灣又比印度好，真的！因為台灣個人到印度去，簽證難以超過三個月，而台灣人到尼泊爾的落地簽證只有二星期，可能延期至一或兩個月。我就認識一個台灣去的人，在尼泊爾學佛，但他現在走不了，因為他簽證過期了，他們不放他回國，他只好待在那，情況不怎麼好；印度也好不到哪裡，像我自己也是在西方學藏密的，而我從不想到印度去。從印度回來的人說，他們的飲食、衛生都極差，並不適合西方人居住，因為生活環境、習慣一切都不一樣。所以我是在法國學習閉關的，而我到印度去後，發現法國真的比較好，我們有好的老師、時間、簽證，一切都不愁，是舒適的環境。在印度你卻不能遠行，因為沒有食物，所以對台灣人來說，當然是台灣最好。

＊台灣情況

問：您到過台灣其他中心嗎？

答：台灣有許多種不同形態的西藏佛法中心，有一些是由中國人經營、聚集了一些對佛法有信心又有足夠財力的人所成立的中心；但他們對西藏佛法並不了解，也許他們知道如何有效組織起來，卻對佛法不了解，這令人有些難過。

我自己不是西藏人，也不是中國人，對我而言，修習佛法、學習佛法十分重要，我不了解對佛法有信心又有興趣的人們，為何對修法不感興趣？而學佛的人卻不修法這樣的情形，在台灣已持續了好多年。我知道有一些台灣弟子是很好的，但希望他們多花時間去修法、研讀教理。

另外有一些中心是喇嘛成立的，人們為喇嘛的中心而工作。這類中心情況好些。但喇嘛來時必須對台灣弟子「很有用」，而弟子也能看到喇嘛真的有用才行。有一些人在中心組織起來後，就說再見了！喇嘛走了他也走了，喇嘛只是偶像罷了，因此中心很難大力成長。

大約在我來到台灣前三年，卡盧仁波切就告訴我說：看！台灣有一些問題，大喇嘛來台停留的時間極短，只給灌頂不教法，這是錯誤的，只有灌頂，人們是不能真正了解佛法是什麼的，一定要教授佛法，喇嘛應該長期停留在台灣，如果不這樣，對台灣弟子而言並沒有什麼利益，首先的問題是，台灣的錢被帶離開台灣，在東南亞的情形都一樣，所有的錢都被帶走，但台灣特別嚴重，台灣人的錢使全印度的寺院都知道台灣人樂善好施，但台灣本身卻沒更大好處，別的國家的中心因為台灣人的布施而強大，而台灣自己的中心都是又小又窮，十分虛弱。

看看西方吧！我們學佛的人少，佛教又不是傳統宗教，但我們通力合作，也多少有了成績；卡盧仁波切派我來此，就是因為長住台灣的喇嘛太少了，他希望派一些人來真正幫助這裡。（有一個笑話說：只要一個仁波切、一個喇嘛就可成立一個台灣中心，所以現在中心滿街都是。）昨天有個人來，我們一起算出至少有二十個中心，這僅是台北的密宗中心而已，有一些我們還不知道的並沒算進去呢！

問：您知道喇嘛們不長住台灣的原因嗎？

答：有一些是因為他們對西藏人有責任，所以到此是為了湊錢，湊夠了當然就回去了。因為西藏人很窮，我們知道他們在做什麼，但他們對台灣弟子該有多一點的菩提心。另外的原因可能是這裡的人太忙了，連我們西方人也不像台灣人，總好像有那麼多工作要做，我們有較多的假期，放棄、停止工作也不令人擔心，許多和尚、尼姑停止工作六個月去修行，這是可能的，他們知道可以再找到其他工作，因為一切都在改變中。

但台灣這海島上的人卻不能這樣做，台灣人都不能不工作，所以喇嘛在此幫助也不大，人們只要求他們幫他修法，而許多真的想修法的人，就是沒有空、沒有空、沒有空，非常奇怪也非常困難。我看到報紙有時在討論可否工作五天的問題，佛教徒真該去向政府請願，要求快實施，大家就有時間多修行，不會浪費了寶貴的人生。

問：是否大部分西藏喇嘛對外面的世界並不了解？

答：這視個人而定，年輕的西藏喇嘛比較有這問題，如果是仁波切就有機會到全世界去；相較之下，反而是台灣人比較封閉。

問：許多法本、經典、故事老早就翻成中文了，可是喇嘛們不知道，還一再重覆地教。

答：我想喇嘛們正等待中國人有所轉變，像我在此所教或是面談的內容十分簡單，其中：人身難得、佛法難聞、輪迴之苦，如果人們真正了解、思惟了，就不該再說「我沒有空」。教一些高深的教法幫助不大，除非人們可以了解，開始去做、去修；否則教一些高深教法，就像演講一樣，人們可以了解，但如果不從基礎教理上下苦功，將心真正轉向佛法，無論多高深的教法，不過是炫耀世人而已。西藏佛法並不奇特，而是平實的，如果基礎教法不深入心中，你聽了一百次也一樣。

我想基本問題是台灣人被婚姻束縛很大，有許多人跑來告訴我說「我要結婚」、「我要結婚」、「我要結婚」……然後父母期望他有個好職業……當我開始修習佛法時，我的工作很卑賤——洗碗，因為我需要一個時數很短的工作以便學法，洗碗只要一天四小時，但錢少的可憐，然而那使我有時間去學佛。但在台灣「不行」，你如果做這一類工作，每個人都會說你：你幹什麼、你太可憐了……所以人們一定要找好的工作，好的工作就表示要花許多時間，有許多事、許多物質上的思考，所以沒時間修法。我的許多朋友也做卑微的工作，但他們真的想學佛；但台灣人一定要有好的工作、要結婚、然後又有小孩……我們必須教他們說「不」。中國佛教徒從來不說「不」，所以世間法做得不錯；但年輕人想修西藏佛法必須會說「不」，可是他們總不知道怎麼辦，因為中國人不說「不」，而我總是期待他們修行，我好一步步教下去。

我不是仁波切，也不是地位高的轉世喇嘛，但我閉過了六年關，我知道我該教什麼，我能做什麼，我以為有好多事人們想知道，但我在此三年了，幾乎沒有任何人修完四加行，那我還能教什麼呢？只好沉默不語了。

問：這樣的情況最好讓台灣人自己覺察、了解到。

答：這是可憐的傳統，教了許多高深的教法，而我看不到人們真正得到利益，但大家都覺得太圓滿、太完美了。真正想修行的人該做的是一步一步來，所有的修行之門都敞開著，但人們必須真正想修行，而且一步一步地實修。我可以教修法的所有部分，許多喇嘛也願意教——如果人們按步就班地學。假使我們到醫學院去，他們不會讓你先拿患者開刀，而是一步一步地教。這跟學佛的道理是一樣的，還不會飛、還不會開車就得一步步走。

問：是不是有一些學過中國佛教的人，在轉投入西藏佛教時，因為喇嘛們僅止於一再重覆基本教理而不得精髓呢？對這些人來說，只有基本教法是否難能滿足呢？

答：西藏佛教中有許多教法，這都是為了轉化人心，而不是為了把許多教材放入腦中而已，但台灣人似乎僅有極少數真正了解大乘佛教之傳統；而在學習藏密的人中，也許只有百分之二十、百分之十或甚至不到的人真正了解了佛法。其實，去問每個傳法的喇嘛就知道，為了財神灌頂也許來了一千人，但說到講釋教法，可能來聽的卻不到一百人，由此即可看出人們對佛法的了解到什麼程度。

卡盧仁波切幾年前來台灣傳法時，他說似乎沒有一人真正了解佛法；當我們到南台灣時，到一個有錢人的家中，他們家拿 BMW 等各牌的名車當玩具，但家中一本書也沒有，他們對自己中國文化一點也不了解，還談什麼學習西藏的東西呢？台灣有了太多金錢，但人們的教育水準並未真正提升，不過多賺了些錢罷了，這許多的人都不是來自大乘佛教，而是來自道教或什麼都拜的拜拜教。當他們接觸西藏佛教時，他們只是將喇嘛當做擁有強大超能力的偶像來看待罷了，對這些人是難以教予稍微高深的教法，其實他們也不準備去修行，但也許他們能為年輕一代付出一點東西——我是這麼期盼。

問：您覺得社會階級制度對西藏有何影響？據我所知，即使身為轉世，也有地位高低之別，他們之間所受的待遇也完全不同。

答：轉世有來自背景很好的家庭，也有一些是出身貧寒家庭的，像這一世達賴喇嘛就不是從什麼特別的官宦巨賈家庭來的，現在西方也有幾個轉世，並沒有說特別從哪個階級出生。

問：我不是指他們出生的家世，而是指他們被認定後的地位階級，像他們連椅墊的厚度都絕對不同……

答：這其中包含了太多問題了，但這個制度仍有許多可稱道的好處——你可以如此說。而卡盧仁波切的父親也是一位轉世，當寺院的人到他家說你兒子是個轉世時，他的父親說：我不打算賣我的兒子，所以他退還了寺院的供養，將兒子帶回家。我想他如此做使得卡盧仁波切雖身為一個轉世的喇嘛，但他從未被正式認定，也從未進入過轉世制度中。

正因如此，他有修行的自由，沒有寺院的責任，西藏轉世喇嘛往往被自己寺院綁死了，有時這是一種「黃金枷鎖」，是黃金打造的，但仍永遠是鎖鍊，在這個轉世制度中，他們很難獨立，被鎖在一定範圍中。這並不是很好的制度，所以卡盧仁波切因其父之決定，幸而獨立免此之束縛。

問：那麼卡盧仁波切還打算再轉世嗎？

答：是的，他曾說他會再回來，成為一位乞丐的兒子。

問：他打算被發現、認定嗎？

答：是的，過去他這麼說過。

問：也就是他打算進入轉世制度中？

答：是的，卡盧仁波切十分獨立、頭腦很清楚，他的這一生十分小心不使任何人不悅，但他未來若真的停止他的獨立，正式進入轉世制度的話，我會十分驚訝。

問：他們的轉世制度賴於政治支持，許多轉世同時擁有政治權力，他們的政治到底有多大影響力呢？歷史上，西藏各派系寺院的鬥爭、戰爭從未間斷。

答：我希望那些都已過去。以前曾有偉大的導師，嘗試於調停這些鬥爭，但幫助不大。我們知道西藏時有戰爭，但仍然是一個佛國，他們跟中國何時有接觸？（唐、宋、元、明、清、現在都有，唐朝時有中國僧侶到西藏傳教，元朝時薩迦班智達和八思巴到中國，後來八思巴當了國師、大寶法王……）唐朝左右，在佛法傳入之前，西藏和他的四鄰打了許多仗，當佛法傳入後，藏人的心有了真正的改變，他們原是好戰的，但他們停止了。這一段歷史我並不清楚，但中國佛教的傳入對他們影響不大，他們認為中國佛教是中國式的、中國人的，不是純佛教的，他們在佛法傳入之前，並沒有真正的文化和文明，所以轉變是可能的。

但中國或日本早有自己的高度文化，因此固有文化第一，佛教第二；而西藏則是佛教第一，他們自己的文化並不強大。我問過一些西藏年輕人——他們信什麼？他們不知道，說要回去問父母，父母信什麼就是什麼。他們所有家庭都是信仰佛教，包括結婚等儀式都是，在他們的佛教制度中是有些問題沒錯，但基本上仍不失為一佛教國家。

問：格魯派建立了一套龐大的學院式經教系統是眾所周知的，但其他派中有沒有這樣的制度呢？

答：薩迦派也有，薩迦派也有很多大學者。大多數人，包括台灣、西方或日本，只知道西藏佛教的格魯派學者；但事實上，薩迦派也有很多不可思議的大學者。基本上薩迦和格魯派側重學問，都有許多大學者；而寧瑪、噶舉是側重修行的。

問：您對經論研讀和修行如何配合，有什麼看法？有一個故事說，一些格魯派僧侶渴望當格西的意願比想成佛還強。

答：（笑）我不知道，我在噶舉派仁波切外，還有一位薩迦派上師——德松仁波切閣下，我個人是較傾向於修行的，但這問題我無法解答。

問：格魯派認為佛學知識不夠，修行也無法圓滿，在寧瑪或噶舉派有什麼看法？

答：這視個人了解程度而定。身為眾生，都有業力、習氣、情緒、煩惱上的問題，夢中的人們都為了自己在做事，何況我們還有無明障礙；基本上這些是主要問題，首先我們要先想解決，然後尋求解決這些問題的方法，在各種方法中確認佛法的可能。了解佛法十分重要，但真正要解決就得靠修行，修止、觀、本尊法等，對治情緒、煩惱；而對治我執可修六法，如那洛六法等；修大手印、大圓滿以除無明，這些是真正解決問題的方法。了解佛法很重要，但了解後仍需修行，我們只是直接從問題下手去解決，雖因業力而使眾生對佛學了解程度有所不同，但每個眾生均可積聚功德，逐步破除情緒、煩惱等障礙，了解此身是幻，以及什麼才是真正實際的。

問：您知道喇嘛耶喜和梭巴仁波切建立的 FPMT（護持大乘法脈聯合會）嗎？有一位從那來的義成法師說，他的上師從未要求他們學藏文。

答：這兩個喇嘛度化了無數的西方人，他們都會英文，學不學藏文看你的因緣、你所接觸的人，我的看法是：學習西藏佛法最好學藏文，就像天主教研修者，也得學希臘文、希伯來文，因為《聖經》的原文是這些語言所寫的，即使英語一兩百年了，研習者仍需閱讀原文，以了解其中誤差。所以在佛法名詞中，藏文或中文你至少要會一個，因為古代高僧大德將佛經從梵文翻譯成中文、藏文這兩種語言，要互相翻譯很容易，術語都是現成的；但英文就不行，太多字翻不出來、找不到字表達。我想你是西方人的話，中文、日文、藏文、梵文、巴利文之間至少得會一種語言；如果你學密宗，藏文就很重要了。

問：多數藏密的中文翻譯者，佛經不一定懂很多，翻譯時主要依賴英文能力，所以多翻譯成白話文而少用古代佛經術語，反而使更多人讀得懂佛理。

答：我想，我們不大有權選擇翻譯者的國學、佛學素養，他們只是一般人，做一般工作，即使英文佛書，如果用文學方式來寫，一般人也很難接受；而中文翻譯者若要再用這些書翻成好的中文，則更困難，而一些學術性的書翻出來，一般人也不一定看。那怎麼辦呢？現在翻譯都先由藏翻英，再由英翻中透過兩道手續，但英文極難完整地理解、表達出藏文的原意，除非你知道這術語的來源，所以必須回溯藏文，否則將漏失太多東西，因為英文不是佛法的語言，翻譯用語時常改變，極不穩定，所以藏翻中的譯者十分重要，他們有一些經驗後可寫成書，如果想提升人們的程度，就要有高程度的書。

問：為什麼有這麼多仁波切到台灣來呢？

答：有一些為了錢，有一些比這好一點。

問：能否給台灣弟子一點建議？

答：我想台灣情況會愈來愈好，希望有愈來愈多人敢說「不」。我想五年到十年間將會有好的台灣喇嘛出現，他們會藏文、真正懂西藏佛法，我很希望有這樣的人。我是西方人，你們需要有自己的年輕人做這件事，我了解你們為何不能接受一個外國的年輕喇嘛，因為我知道我是誰，我不想做西藏人或中國人，我有我的習慣、我的生活方式，我是外國人不會變成仁波切；但希望現在由外國喇嘛、西藏喇嘛來此教學的情形，幾年後會由中國人自己來教。過去的貢噶老人、陳健民瑜伽士，用他們自己的方法來學習西藏佛法，但我想新一代中國人應用西藏的方法來學習西藏佛法。

問：雖然藏密傳到西方多年，現在仍屬草創期嗎？

答：跟台灣很難比較。十二年前我閉第一次三年關時，這在西方並不普遍，但台灣現在還沒到這層次上；而現在有太多的西方人，也許幾百人閉過了三年關，今年卡盧仁波切要去法國，有大約六十人要閉三年關。很多西方人閉過三次三年關了，巴黎市政府撥給卡盧仁波切一塊公園去建一座西藏佛教寺院，在法國已有兩座大佛寺，已不屬草創了。此外，翻譯員、修過四加行的人早就數以千計，而台灣如果有數千人修完四加行，才能談高深教法。卡盧仁波切不知談了多少次，台灣許多人對密宗有興趣，但沒人真正了解、實修密宗。

問：為什麼蓋廟對西藏人這麼重要？他們來台灣總是要募款建寺。

答：西藏人沒有經濟能力蓋廟，所以他們到台灣、到全世界要求幫助，這個建寺的傳統在西藏已上千年了，對他們很重要。

問：您認為西藏佛教呈現出的重點是什麼？

答：開始時我遇到卡盧仁波切，我認為仁波切是好的靜坐老師、正是我要找的人，他教我靜坐、不殺生、不傷害別人等等，所以我認為靜坐、正確行為——戒律都很重要。

問：您最初如何接觸西藏佛教？您覺得最大的利益、受用是什麼？

答：是透過朋友介紹；利益則很難說。我跟了仁波切十六年，我能說什麼？我不再煩惱，菩提心使我覺得和每一個人都很親近，十六年來我從不覺得害怕。許多人結婚時都曾許下同樣的諾言，想得到永遠幸福，但多年以後，他們開始吵架、感到無趣、不幸福了，而佛法從未令我失望；有些人抱怨他們的上師不夠好，覺得失望，但我從未如此。

問：多年來您一直跟著卡盧仁波切嗎？一個人要追隨上師多久才夠。

答：跟著上師愈久愈好，只要你對上師有信心，隨時可和他聯絡，其實你閉關時，能由有經驗的人指導即可；事實上我閉關時，上師離我很遠，但你當然必須先從上師那受灌。

問：似乎西藏人對時間和衛生都沒概念？

答：對！因為西藏地形很高，細菌生存不易，東西不易壞，他們不需冰箱，也可以很久不洗澡。

我自己小時候也聽過很多堪布、上師說法，
說實在，不是講得不清楚，就是講太多、太細，而收不回去、無法歸納整理好，
因此我便發願以後自己說法一定要清晰，讓大家很有興趣。

世界知名的破瓦法大師

〔直貢噶舉〕安陽仁波切

Choeje Ayang Rinpoche, ཨ་དབྱངས་རིན་པོ་ཆེ། ?

仁波切出生於東藏的遊牧家庭，主要由第十六世大寶法王所認證。離開西藏後，於印度定居，其弘法行程廣布於世界各國。仁波切持有直貢噶舉派及寧瑪派的破瓦法（遷識）傳承，是當今世界著名的破瓦法大師。

訪問日期：一九八八年十一月一日

問：在遇到自己宿世上師之前、後，該如何修持？

答：遇到自己宿世上師前，跟隨了其他上師的修持並不是沒有用的；在遇到自己的宿世上師時，內心會有強烈的感受，此後可將以前追隨過的上師之一切德行，與宿世因緣之根本上師合而為一來看待。

問：如果有人受過了其他派傳承的觀世音菩薩灌頂，再來向您求直貢噶舉法本的教授可以嗎？

答：當然可以，雖然傳承、法本不同，但觀世音菩薩的本質卻沒有改變，修法的人所經驗到的觀世音或任何本尊，在身形、顏色、手印、法器上可能有一點不同，但沒有多大妨礙；不過在法本教授的時候，傳承口訣、口傳是需要再給一次的。

問：由於翻譯的需要，我看了一些沒有資格看的祕密法本，這樣會不會有不好的結果？

答：翻看法本，若在於好的發心狀況下當然沒關係，這類的情形發生在歐美很多，有不少根本不是佛教徒的人也在翻譯。

（附：兩年前薩迦佛學院碩士蔣揚貢噶喇嘛曾開示，只要受過喜金剛或其他無上瑜伽部灌頂者，便有權了知一切密法，因為無上瑜伽部已是最祕密、深奧的法了。

＊台灣人愛灌頂

問：您對台灣有何看法？

答：在我動身來台前，好多好多來過台灣的仁波切、喇嘛們都勸我，到台灣一定要給灌頂，這樣才會大受歡迎；我還聽說替人修法要定價碼的，修什麼法多少錢、修火供多少錢，很好笑吧！修火供竟然較特別、所以較貴。

但我來台灣後，觀察的結果是，台灣的情形並不是真的那麼糟，只要有清晰深入講解的話，很多人都想真正地好好修法，這是我自己在台灣傳破瓦法之後聽到很多人在外面說：從來沒有人對法本、修法做這麼深入的講解，真是太好了！人們表示出極高的興趣，聽過幾天後把他們的朋友也找來了，而他們都很認真，這一點我可以看得出來。

同樣的情形也發生在不丹東部，當我到那邊向他們的大學生傳破瓦法時，起先有很多學生是被強迫來聽的，但後來他們就表現出極高的興趣，自己主動來聽。他們說學校常有仁波切、喇嘛來教授佛法，但從來沒有其他上師講解得那麼清晰，所以不用強迫也想學習。後來我到不丹西部去傳法，有許多老年人來聽，他們說是他們的小孩從東部的大學中，寫信回來叫他們一定要來聽的；也許台灣的年輕人也該鼓勵老年人去了解佛法，而不只是接受灌頂。

我自己小時候也聽過很多堪布、上師說法，說實在，不是講得不清楚，就是講太多、太細，而收不回去、無法歸納整理好，因此我便發願以後自己說法一定要清晰，讓大家很有興趣。

現在在台灣，如果有上師或仁波切都不給灌頂、只開示教法的話，其他仁波切將全以不同的眼光來看他，而台灣的人也會覺得，這個人是不是沒什麼功夫，沒什麼東西可教了，所以不給灌頂。因為他們覺得灌頂是最重要、深奧的，只要灌了頂一切就好了。因此在灌頂前，盡量給予清晰的講解與法本的修法指導，我想是比較可行的。這樣可讓老年人從修行中知道，對佛法意義不了解是很困難修行的，從而鼓勵年輕人去從佛法意義開始學習，也許這是比較好的方法。否則只給開示的話，恐怕也沒人來聽的。

灌頂不一定要很多人參加才舉辦，在西藏常有人因婚喪喜慶而請上師至家中灌頂的，當然也有很多灌頂多年才給一次，很多灌頂有限制人數，更有些不共灌頂是僅給予傳承繼承者一個人的。這些都由上師決定，不一定像這邊的灌頂大多希望要有很多人參加。

因渣菩提國王，蓮師拿一個水晶球給他看，他就立刻了悟心性本質；

換了你，仁波切拿一面鏡子，說這鏡中有很多顏色，你能了解上師的旨意嗎？

正確親近上師的方法

〔竹巴噶舉〕蔣揚欽哲依喜仁波切

Khyentse Yeshe Rinpoche, མཁྱེན་བརྩེ་ཡེ་ཤེས། 1962 –

蔣揚欽哲依喜仁波切是蔣揚欽哲確吉羅卓的轉世之一。

訪問日期：一九八八年十月十三日

問：台灣學生不像西藏人一樣精進，因為我們沒有那麼多時間去修行。

答：這並不是最好的理由。

問：不錯。可是實際上沒人能夠整天在佛堂用功，是否可請仁波切教導我們，一種可在行住坐臥中修行，又能增進心靈層次的法門？

答：難道你以為西藏學生有更多的時間修行嗎？不管是什麼學生，總有做不完的功課：讀書、作業、修法……就連仁波切們也要通過種種考試。但是因為他們認為修行比較重要，所以多花時間在上面。反之，中國學生或許不如此認為，所以就不那麼投入。有沒有時間，事實上全在於自己的控制。如果你深體輪迴過患、明白人生是苦，就會真心找時間修行，或許可以少睡一點，像我的根本上師一天只睡兩小時。另外，所有的法門都是一樣的，也許你持文殊菩薩心咒會簡單些。

問：過去印度有的國王，未經捨棄俗務的過程即得成就，為什麼？

答：別以為他們只因此生修行就得證果；事實上這些人的福報功德乃累世精勤所致，所以今世得為尊貴國王，根器銳利。像是因渣菩提國王，蓮師拿一個水晶球給他看，他就立刻了悟心性本質；換了你，仁波切拿一面鏡子，說這鏡中有很多顏色，你能了解上師的旨意嗎？

問：請仁波切開示有關「法報化三身成佛」的意義。可以圓寂之後要保持禪定姿式三天、七天或者更久？顯教中，為什麼保持肉身不壞得封缸好幾年？

答：臨命終時，若不能立刻將自身融入原始的法身，就要多花些時間保持身體的溫暖。所以金剛乘的大成就者，不需要保持體溫太久，因為他們知道如何迅速融入法身。以河川入海為喻，當然是大河比小溪流得更快。

問：仁波切一樣會吃喝拉撒睡，他們到底和我們凡夫有什麼不同？

答：你可以認為仁波切是比較特殊的，同時也可以當作凡人看，因為仁波切一樣有生理運作。

問：佛陀要不要睡覺？

答：我不知道佛陀會不會睡覺，但根據經典所載，佛陀在一切行住坐臥之中，皆處於禪定狀態。所謂禪定，並非指端坐不動、金剛跏趺，或什麼姿勢，你能夠嘗試去了解自心本質的時候，這本身就是一種修持。

在佛教哲學之中，每個人都可成佛，眾生皆有佛性。何以仁波切看來比較特殊？那是因為修習較多，但是你的佛性和仁波切是平等無二的；要是你能做更多修持的話，當然會比仁波切更好，這不是開玩笑的。

問：那麼仁波切您是否還有痛苦、悲傷？以及那種「邪惡的思想」？

答：這是一個西方人比較好奇的問題，中國人較少提出。在西藏，人們相信仁波切是佛菩薩的化身或大成就者乘願再來利益眾生。例如，十六世大寶法王在芝加哥罹患癌症，西藏人都認為這是法王的示現，並且為原本該得癌症的人承擔業障、代眾生受苦。然而美國人卻認為這是藏族盲目的信心。

大乘的說法是，直到成佛之前，眾生都有障礙和問題。而小乘更認為，佛陀住世時並未完全覺悟，而是在圓寂當下才達到最高證量。在大乘，我們相信初地以上的菩薩就沒有肉身上的痛苦，但這並不代表已經圓滿證悟，還是得由初地修到十地，而且也不代表沒有障礙。佛陀曾因被堂弟所丟擲的石頭擊中而感到痛苦；然而究竟佛陀真的受到痛苦，或者為方便示現，則必須由你自己去想想。

問：打坐的時候有雜念要如何對治？

答：不要企圖袪除雜念，只要讓它來、讓它走即可。好比從這邊窗戶飄來雲霧，如果它停留在房子裡會怎樣？其實只要打開對面的窗子，那麼這雲霧自然由那邊來、從這邊出去了。

問：仁波切們是否在控制、訓練心的方面，特別超乎常人？又，佛陀是否具有所謂的超能力？

答：仁波切之所以被稱為仁波切，就是對於心性的控制與訓練不同於一般人。但是你們的佛性完全與仁波切相同，而且同樣具有手腳四肢，以及種種人性特質。好比有兩個玻璃杯，一個高而薄、一個矮而厚，一旦兩者都被打破了，它們又在那裡呢？融入法身空性之中。同理，仁波切與大家的佛性都一樣是空性。

問：為什麼有人說，上師像火焰，不要太靠近，也不要距離太遠？

答：以火焰來比喻上師，如果太靠近，是會被灼傷的。怎麼說呢？弟子過度親近上師，則勢必看到上師所有的行為舉止，了解他各種好壞特質；如此往往會因為無法接納上師的缺點而失去信心，甚至破了與上師間的三昧耶戒，造成種種惡業。反之，要是離火太遠，則無法獲得溫暖與光熱。所以相對的，離上師太遠你將不能得到應有的教導，因此才有上師如火焰的妙喻。

然而，證悟自心本質的關鍵在弟子身上，而非上師，所以即使上師本身有什麼缺點，也不要認為那就是壞的，應該多憶念上師的美德；因為你的心是由自己創造出來的，念頭直接從心而來，萬法唯心造。正如月亮在天上，月影倒映水面，假如月影不明，那麼這是誰的錯呢？應該是水的問題吧？水若清淨澄明平靜無波，則月影亦皎然光亮。

如何正確地親近上師呢？譬如蓮花出水、亭亭淨植，湖畔有隻青蛙，但是它不知道如何取花蜜，所以就算青蛙與蓮花如此靠近也沒有用。這時候蜜蜂飛來了，它卻能輕易地採蜜，採了花蜜就離開。同理，修習佛法，必得跟隨上師一段時間，然後回到自己的地方閉關自修。總之，不要太近，不要太遠；思慕並學習上師美德；而且認定上師就是上師，而非其他角色，這就是親近上師的方法。

問：何謂空性？

答：當我們感到事物不再堅固的時候，那就是空性。為什麼天空是空的？因為裡面有很多東西可任意往來遊走，像雲、小鳥、飛機的移動。這是很簡單的比喻；如果太複雜，我們會感到迷惑。

問：佛教是否有嚴格的階級區分？

答：佛教主張眾生皆有佛性、一律平等尊貴，並無階級制度。佛法中提到眾生不應造惡業，否則將墜入三惡道；凡是對社會有益的事，佛教鼓勵弟子去做，而對不可能做到的事，也不會要求。在印度的確有種姓制度、階級劃分，但那和印度教有關，漢藏兩地則無此例。

問：請問初機者如何登入密宗殿堂？而修學密法的次第為何？

答：不管修行小乘、大乘、金剛乘都一樣，必須要有很好的根基，所以前行法十分重要——這是最初步驟。在密法的次第中，從四加行（皈依大禮拜等）起修，然後到心的訓練、大手印等瑜伽的修習，但是務必從四加行開始。

他們說我是一位轉世化身，我不知道，
這是由人們的自心和我的信心而定。

文殊菩薩的化身

〔竹巴噶舉〕第九世吉噶仁波切

Zigar Choktrul Rinpoche, འཛི་སྒར་མཆོག་སྤྲུལ། 1961 –

仁波切於藏曆鐵牛年誕生於不丹本塘，經第十六世噶瑪巴認證為前世吉噶仁波切之轉世。在錫金隆德寺，由親教師嘉措美方教授佛教儀軌和法本，之後進入北印札西炯竹巴噶舉佛學院，遍學佛教哲學和經論。

訪問日期：一九八八年八月二十日

問：請問您是一位祖古嗎？

答：人們說我是，但我不知道。我有過去世，每一個人也都有；如果沒有過去世，我們這世就不會來這。我們過去世也是祖古，因為我們的過去世也有過去世。「祖」的意思就是我們能變化成許多，「古」的意思就是身體，也就是化身的意思。

問：身為一個轉世化身，您覺得您有和別人特別不同的地方？您記得您的前世嗎？您真是文殊菩薩的化身嗎？能否請您略述生平？

答：我沒有和一般人特別不同，我也不記得我的前世。他們說我是一位轉世化身，我不知道，這是由人們的自心和我的信心而定。我相信我被認定的前世那個人是文殊菩薩的化身，但我不知道自己是不是，我沒辦法知道。

我誕生在不丹的皇宮，四歲時十六世噶瑪巴他指認我，因為我的喇嘛從吉噶寺跑來問噶瑪巴第九世吉噶仁波切在哪裡，最後他們發現我，並帶我回錫金噶瑪巴的本寺。六年中我從頂果欽哲仁波切那接受了一些寧瑪派的法，從噶瑪巴學了噶瑪噶舉的法，從卡盧仁波切學了香巴噶舉的法等等，然後到北印度的札西炯佛法中心待了五年，然後到拉達克竹巴法王的地方學習了一年。我不記得很詳細了，忘了在哪一年結束了我的學業，到大吉嶺從傑堪布修竹巴噶舉的那洛六法、四加行等，然後我就到台灣來。這是因為，兩年前我的姪子到台灣來，他是一個喇嘛，向別人提起我，然後有人邀我來。

菩提心是菩薩行六度的主要原動力，也是得到智慧和方便的基礎，因此菩薩都以珍貴的菩提心當做主要的修行法門。

修菩提心習空性見

〔格魯派〕梭巴仁波切

Thubten Zopa Rinpoche, ཐུབ་བསྟན་བཟོད་པ་རིན་པོ་ཆེ། 1945–

梭巴仁波切是耶喜喇嘛生前的心子，從小被認證為該區大成就者勞朵喇嘛的轉世。離開西藏到印度巴薩修學時遇見耶喜喇嘛，兩人從此一起獻身弘法利生。一九八四年耶喜喇嘛圓寂，他承繼耶喜喇嘛遺志，成為護持大乘法脈聯合會（FPMT）的導師。

訪問日期：一九八八年十月二十五日

問：達賴喇嘛曾經說過，西藏佛教涵蓋了聲聞乘、大乘、金剛乘，是一個完整的佛教系統。可否請仁波切為我們闡釋其意義？

答：以西藏拉薩的三大寺院——色拉寺、噶丹寺、哲蚌寺的僧院教育為例，基本的必修課程如下：

1、戒律：這部分和聲聞乘無異。西藏佛教出家，必須受沙彌、比丘戒並持守之。

2、《俱舍論》：這也是聲聞乘的論典，廣泛地解說蘊、處、界、色法、心法、因果、世間、業、道次第等。

3、中觀：主題是真、俗二諦。透過研習各宗派——主要是唯識宗和中觀宗，後者又分為自續派及應成派，主張抉擇空正見。

人有各式各樣眾多的無明煩惱，其中最根本的無明是認為有一個「真實存在的我」，這是輪迴生死的根源；唯有靠空正見的智慧，才能斬斷它。

4、《現觀莊嚴論》：闡釋《般若經》。大乘道分為二種：一、波羅蜜多道，含五道、十地；二、祕密道。大乘菩薩要達到究竟證悟的境界，終究必須修習祕密道。

5、《釋量論》：共有四品，含大量的邏輯論證，以證成佛陀的圓滿及佛陀教、證法的真實不虛。

佛法分為經、續二部。完成以上經部根本教典的課程之後，在經部的基礎上，進而研習密續，這時不僅要熟悉菩提道的次第和內涵，更需要各種高深的善巧方便，以迅速地達到究竟證悟的境界。由此我們可以知道，西藏佛教含聲聞乘、大乘以及金剛乘的教、證法。

所謂「法」，不僅是文字的認識，而是要由自己的體驗中建立對三寶的信心，深信唯有皈依三寶才能救拔自己解脫輪迴之苦，更進一步地，當自己生起對所有眾生的慈悲心，發願徹底解除自己的苦及苦因，以引導眾生得到完全的證悟，確信三寶有力量幫助，自己成就利益眾生的清淨願。

這種體驗主要來自禪修（meditation）。只要我們不斷努力，就能夠自我驗證禪修力量之強大，就會愈來愈清楚，禪修對心識的裨益，它所帶來內心的平和，以及解決人生問題的智慧。禪修讓我們更明白什麼是人生的意義，以及如何過有意義的人生。因此，首先我們應該了解並體驗禪修，以便使心識熟悉菩提道。這才是入佛法之門。否則，即使讀遍經、續二部的教典，也無法入佛法之門。

聲聞乘好比旅途的中途站，先消除自己的煩惱，求解脫。大乘則不僅自覺還要覺他，以救度一切眾生為自己的責任，這份勇氣來自不忍任一眾生受苦的強烈大悲心。大乘又可分為波羅蜜多乘及金剛乘。修行波羅蜜多乘要花三大阿僧祇劫，累積成佛的福智資糧；有些行者可能不在乎修行時間的漫長。不過，有些行者連一秒鐘都無法忍受見到眾生受輪迴苦。針對他們的根機，佛陀開示密續的法門，提供更高深的善巧方便，以迅速圓滿成佛，從而救度其他眾生的悲願。好比各人身材不同，不能穿同尺寸的衣服，所以佛陀因材施教，開示不同的法門，最終目的在引導一切眾生成佛。

問：請仁波切開示學佛的次第。

答：佛陀說八萬四千個法門，每一個法門是為了對治不同的惑、業、苦。所有的教法可以整合為菩提道次第，亦即從初發心到證得無上菩提之大道，其內容為三士道——下士道、中士道、上士道。

首先我們應該思惟閒暇、圓滿的人身是多麼寶貴、有意義，而且非常稀有、難得，是由於我們過去世累積無數的福德……持戒、布施等等，才獲得的。但是，另方面我們無法確定何時會失去這寶貴、難得的人身，因為死亡隨時都可能到來。一旦失去了人身，我們所珍惜的東西——財富、地位、家庭、朋友……一切的一切都無法帶走。

經過這樣的思惟，我們自然明白，那些我們所珍惜的東西全是短暫的。我們不應該利用寶貴的人身追求這些，而空過一生，因為如果我們不趁這一生好好修行持戒、布施等善業，一定會墮入惡趣，那時不可能修善，再得到人身的機會微乎其微。事實上，只要我們仔細檢視每天的身、口、意三業，就會發現，即使是最基本的五戒，都極難持守清淨。外在的障礙很多，要非常努力去克服。不善的念頭像瀑布般奔流，善念的滋長好比逆流上行，十分困難。正因為如此，我們更不能絲毫懈怠，即使是一分一秒都要把握，實踐佛法，努力行善，以累積功德。總之，我們要好好利用這寶貴、難得易失的人身，不可片刻離開佛法，因為唯有佛法能帶來真正的利益、究竟的安樂。

佛陀說：「諸惡莫作，眾善奉行，自淨其意，是諸佛教。」這四句偈，已經涵蓋了佛法的核心，包含聲聞乘、波羅蜜多乘和金剛乘。諸惡莫作、眾善奉行，牽涉到業的問題。修行佛法，必須對業盡量深入、廣泛地去了解，因為這是佛法的精要。換句話說，我們要以業為主要的修習內容，才能在解脫道上有所進展。無論是現在的安樂，個人的解脫，乃至為了利益一切眾生而成就佛果，都是來自行善去惡。

為什麼任何的惡業都不應該做呢？因為惡業是苦因，而所有的眾生都不願意受苦，既然如此，就要捨棄惡業。同樣地，我們應該要造圓滿的善業，也就是要以清淨的動機行善，同時必須把行善的功德迴向給一切眾生。如果能夠這麼做，就是在造樂因，而不造苦因。

宗喀巴大師說過，身、命就像水流一樣，很快就會趨於壞滅，死亡隨時可能來臨。死後我們的善惡業如影隨形，決定我們投生到善趣或惡趣。我們要祈請佛陀加持，讓我們對此產生定解，能夠捨棄所有的惡業，即使是最微細的惡業都不去做。相反地，要以種種善巧方便，不放逸地奉行一切善業，無論多麼微小的善業都努力去做。

在這麼多的修行法門之中，究竟什麼對盡虛空界一切眾生最有益呢？那就是修習菩提心！時時持守菩提心，發利他願，愛惜其眾生。

宗喀巴大師曾經說，菩提心就像樹的主幹，有了菩提心才能生出枝葉花果。菩提心是菩薩行六度的主要原動力，也是得到智慧和方便的基礎，因此菩薩都以珍貴的菩提心當做主要的修行法門，宗喀巴大師自己也是如此，同時也勸請佛教的修行者這麼做。

在修習菩提心之前，必須先修平等心和大慈悲心。亦即觀一切眾生平等，不管是喜歡我或討厭我的人，都不要生起貪愛或厭惡的分別心，經過這樣的觀修，會覺得與所有眾生都很親近，有如朋友般關愛他們，而生起慈悲心。

接著可以修兩種開展菩提心的方法。其一是自他交換法：思惟所有眾生都和自己一樣，希求快樂，不喜受苦，所以我沒有任何理由特別珍愛自己，而不愛惜別人。既然自己深知輪迴之苦，猶如身處火中，而希求解脫，所以同樣也無法忍受其他眾生受輪迴之苦，而想救拔他們解脫輪迴，這是菩提心的根本。

另一種是七支因果觀修法：首先觀一切眾生都如同我們的母親，憶念他們的恩德，生起大慈、大悲心，進而發起一份殊勝的利他心，堅定地以引導一切眾生得到安樂，尤其是證得無上正覺的究竟樂為自己的責任，亦即生起為了利他而欲證佛果的菩提心。

在日常生活中，修持菩提心是修學佛法最好的方法。為什麼呢？佛法是為了解決我們的問題，讓我們遠離苦及苦因，造樂因，無論你只懂得一點點佛法，或者能夠背誦三藏佛典，其意義都在於能夠實踐，應用在生活上面，否則就像扛著藥袋而不吃藥，是不可能把痛治好的。如果內心不守護菩提心，所做所為就不可能變成佛法，心中就沒有皈依處。反之，雖然生活忙碌，沒有時間修行，在菩提心的修持上面，無論你遭遇多少障礙、困難，從菩提心就可以生起無窮的利益，帶來現世及來世的安樂，是成就利他事業，引導一切眾生成就究竟圓滿佛果最殊勝的因。

怎麼做呢？每天早晨一醒來，必須思惟：我的人生目的就在於令所有眾生離苦得樂，尤其是得到究竟的安樂；要強烈地感覺，這是我的責任。眾生的安樂決定於我是否有慈悲心。若我對一切眾生具有慈悲心，就不能傷害任一眾生，從最接近的人、動物，包括小小的昆蟲做起。當我決定不傷害他們的那一刻，他們就不再因我而受苦，這一切全操之在我。我必須對所有眾生的安樂負起責任，持守菩提心，因為這是眾生安樂、成功、得到無上正覺的根本。

無始以來，由於自我中心、自我愛執的思想作祟，使這五蘊和合的身心相續，一直被煩惱染污，在輪迴中受苦，得不到自由、解脫。我所遭遇的一切問題、失敗、不如意、修行不能成就等等，都來自於自我中心的愛執，因此直接或間接傷害了其他眾生。只要自我愛執還存在，就無處容納菩提心；沒有菩提心，就不能證悟，得一切種智，欠缺一切種智，就無法依每一眾生的根性，以善巧方便度化所有眾生。因此，從今以後我連一秒鐘都不容許自我愛執思想存在，而且決不忘失菩提心，時時要以利益其他眾生為己任。

同樣地，穿衣服的時候，必須思惟：我的人生意義在於服務所有眾生，帶給他們安樂，為此之故，我必須保護身體，所以要穿著衣服。飲食的時候，思惟人生的意義在利益眾生，飲食是為了延續生命，以服務眾生。睡眠之前，也是一樣，思惟令一切眾生離苦得樂是自己的責任，為了善盡這份責任，必須維持生命，保持健康，而睡眠猶如藥品，可以治療身心疲勞。

總之，所有的日常生活各種活動——食、衣、住、行、工作、休息，都以利益一切眾生為出發點，怨親平等；即使是每一呼吸都不是為了自己。這樣逐步把愛惜自己的心轉變為最純淨的菩提心，愛惜其他眾生，每件事情都會變成非常有意義的菩薩行，譬如：生病的人給予醫藥，飢餓的人給他食物，為迷路的人指路，就是在行六度的持戒波羅蜜多中的饒益有情戒。

如果一個人還沒有實踐行菩提心，他必須時時憶念菩提心，自我檢視其行為的動機是自私的還是利他的，如果是前者，就要立刻轉化為利益他人的行為。久而久之，當你安住在行菩提心時，自然而然一天二十四小時，時刻都只會生起利益他人的念頭，你工作多久，就是利益眾生那麼久。即使你是在為雇主工作，取得酬勞，由於安住於行菩提心，認定自己的人生是為了利益所有眾生，不是為了自己，所以你的工作全變成利益他人的清淨善法。

你愈能夠把生命奉獻在利益眾生，你就能夠在生命中得到愈多的喜樂，以及內心的滿足、平安。所以，如果有人要尋求安樂的人生，最好的方法是以愛惜其他眾生的菩提心行生活。

問：對一個普通人來說，要把愛惜自我的心轉化為愛惜其他眾生的心，是相當困難的事。請仁波切詳細開示心識轉化的方法。

答：寂天菩薩說過：「若不能了知佛法的最主要關鍵：心的奧祕及無上法的話，即使想追求快樂，避免痛苦，終將毫無意義地在輪迴中受苦。」

心的作用——思惟方式決定我們是否在製造問題或者止息煩惱，也就是心是苦樂的根源。在日常生活中，我們不斷地對周遭的人、事、物安上標籤，如：朋友、仇敵；成功、失敗等，這些標籤隨著我們的思惟方式而變化。既然如此，我們可以善巧地運用心態的轉化技巧，改變苦樂的因緣條件，離苦得樂。

如果修行的人有強烈的捨離心，不貪著今世的一切，如：名譽、財富、地位、權勢等，那麼就不會對別人的批評起分別心，歡喜或瞋恨，內心隨外境上下浮動。在日常生活中，我們應該時時觀察自己的心態，究竟是隨順貪愛、瞋心，還是持守捨離心？這一切完全操之在自己，譬如：若有人處心積慮害你，如果你用嗔恨心看待，會把他當做仇敵。相反地，如果抱著忍辱心，看到的就不是仇敵，而是仁慈的師長，在考驗自己的忍辱心。當你能夠安忍，內心所獲得的甚深安詳、喜悅，是無價的珍寶。

總之，如果我們內心貪著現世的快樂，那麼所作所為，包括誦經、坐禪等都是世間法，只會種下輪迴的苦因。反之，若安住在捨離心，利益一切眾生，那麼基於這樣的動機所做的一切，都是佛法，因為它們是樂因，能夠成就佛果。這就是心的奧祕。

所謂無上法，就是要了悟空性。佛陀說過，我、朋友、陌生人，一切人、事、物的現象都由因緣和合而生，是無常的，每一剎那都在變化，不可能停止。因此這一切都沒有真實存在基礎，我們沒有任何理由去貪著或厭惡它們。但是一般人的心被無明蒙蔽，誤以為有獨立、真實存在的法，包括自己的身心五蘊、外境。無始以來，這種錯誤的認知在心識種下種子，成為俱生我執。譬如，當一個人說：「有人傷害我」時，內心深信有個真實存在的人，傷害了真實存在的我，而傷害的行為以及所造成的傷害也都真實存在。若加以分析，這一切都是因緣法，沒有真實存在的基礎。但是因為愛惜自我的無明作祟，產生實有的幻覺，困住自己，引生瞋恨心，甚至對別人報復，造下惡業，來世墮惡趣受苦。換句話說，只要這種錯誤的認知存在，人的一生可以說都活在幻覺中，會不斷造下輪迴生死的因，把自己繫縛在生死輪迴中。這種錯誤的認知來自尚未了悟空性。

如何在日常生活觀修空理，是一個重要的課題，尤其是面臨重大的困難，可能會造下嚴重惡業，妨礙解脫、成佛、利益有情，在這些時刻要憶持這個扼要的開示：「不要執著諸法表面的現象，要徹底了解真相。」所謂真相是指空性。

在日常生活中，當「我」的意識生起時，譬如：「我在誦經」必須思惟，如果心識不名言假立「我」，「我」就無從顯現、存在，所以顯現出來的，看似真實的我，其實沒有獨立真實存在的基礎。不僅由五蘊和合的我不是實有，就連色、受、想、行、識五蘊也都不是實有的。只要我們一心一意思惟空義，譬如以色蘊為例，分析身體、四肢，乃至極微塵的構成因素，就能夠了知無一不是因緣假合，非獨立、實存的法，這就是諸法皆空的真相。

在日常生活中，必須時時維持這樣的正見，觀待一切法，行為者、行為本身及對象都如夢幻，沒有獨立、真實存在的基礎，就不會執著諸法表面的現象，而能徹底了解空性的真象。唯有如此，才能超越俱生我執——愛惜自我的心，斷除輪迴生死的根本。

（附註：本文錄自法光雜誌，並經允諾刊登。）

在西方並沒有給予這麼多的灌頂，事實上我對此感到非常的驚訝！
當我第一次到新加坡時，他們似乎對灌頂有濃厚的興趣，
但對於教理並不怎麼了解，對於修行的興趣也不大。

如實修行比灌頂重要

〔格魯派〕義成法師

Dondmb Lama, ལྷ་མ་དོན་གྲུབ། ?

澳洲籍喇嘛義成法師代表梭巴仁波切來台成立「藏海學會」，並且一面學習中文，一面以英文講授《菩提道次第廣論》。藏海學會在一九九六年改名為「經續法林」。

訪問日期：一九八八年六月二十九日

問：請問您何時開始接觸佛教？

答：我在一九七六年三月中開始接觸。首先接觸的是西藏佛教，我和西藏佛教有很深厚的因緣；我沒有特別想去尋找什麼，只是做自己應該做的事情，而且開始學佛時並沒有想特別接觸哪一地區的佛教。

自然地與西藏佛教接觸之後，所接觸到的教法對我的心靈有很大幫助，所以我便追隨這傳統，也沒有再去找其他的傳承。

問：在您正式成為佛教徒之前，是天主教徒或基督徒？

答：都不是。我的家裡沒有信仰任何宗教，雖然我的父母自稱是天主教徒，但他們並不上教堂，也沒有參加任何宗教活動。當我還是小孩時，曾參加過主日學，後來因為我對它一點興趣也沒有，就沒去了。

問：請簡介佛教在澳洲的情形？

答：我對澳洲佛教的情形並不是很了解，當我在一九七六年接觸佛教的時候，佛教在澳洲還是很新鮮的事情，雖然在此之前已有些南傳佛教在澳洲傳播，並建立了泰國式的寺院，有些人追隨了這個傳統建立一個佛教團體，類似讀經會性質，除了小組討論之外，也同時舉辦一些演講。

在一九七六年，有些澳洲人邀請了兩位西藏喇嘛到澳洲教授佛法，其中一位是出生西藏的喇嘛耶喜（Lama Yeshe），及他的弟子——出生在尼泊爾的土登梭巴仁波切（Lama Thubten Zopa Rinpoche）在澳洲講了一個月的佛法。

據我所知，他們是第一批來到澳洲的西藏僧侶；在這課程結束之後，大約有兩百人一起建立了一個屬於西藏佛教傳統的中心。接著在一九七五年，這兩位喇嘛再度來到澳洲，又有很多人加入他們的課程聽法；我個人是在一九七六年參與的。我想，因為這個課程，使得西藏佛法在澳洲大受歡迎。如今這個屬於格魯派的中心在兩位喇嘛建立之下，也超過十年了；他們所開課程每次都有幾百人參加。

接著，陸續地有其他西藏傳統教派的喇嘛，也在澳洲建立中心，噶舉派已建立了好幾個中心；但其他的教派在澳洲並沒有什麼發展。現在澳洲，仍以格魯派最受歡迎，但其他教派也在擴展中，如薩迦派的法王，也在澳洲建立了幾個中心。

在其他西方國家，有許多人加入了噶舉派的中心；但一般而言，澳洲的人們對於各種教派的佛教都有興趣。

問：您何時成為正式的比丘？在澳洲有多少出家人？

答：我在一九七七年三月出家接受沙彌戒，於同年六月接受了部分的比丘戒，在十月接受了全部的比丘戒，這些都是在澳洲的時候。至於在澳洲有多少出家人，這我就不太清楚，我是一九八一年離開澳洲，在一九八三年，曾遇見三位澳洲僧侶，由於我沒有再回過澳洲，所以對那邊的情形不是很清楚。

據我所知，目前至少有十位屬於格魯派傳統的澳洲僧侶；其他傳承下的僧侶有多少，我就不清楚，但有相當數量的僧侶是屬於泰國的佛教傳統。

問：您在出家前的職業是什麼？

答：我曾經換過好幾個工作，但主要的工作是老師，我教的是西方歷史

問：據我所知，您的藏文並不好？

答：啊！是的。我待在印度寺院中的一年，曾經很努力的學習藏文，然而學習藏文相當的困難！我已經盡力了。

問：您覺得用英文學習西藏佛法就足夠了嗎？

答：我的主要老師喇嘛耶喜，從來沒有鼓勵我們去學藏文。我想，從我老師的觀點來說，一般想要學習西藏佛法的人，並不需要去學藏文（真的嗎？）；如果說你想對西藏佛法有特別深入研究，特別是你想當一位佛法的老師，那麼對這類的人，也許有這需要；但對於一般的人來說，學習藏文並不是很必要，主要原因是因為必須花費太多的時間。而這些時間，我們更可

以做些基本的修行。（所以你們的法本都譯成英文了？）是的，大部分的法本或教材都譯成英文了，當然還有一些重要的教材尚未譯成英文，所以，我們仍依賴西藏或歐美的人來翻譯，特別是歐美的翻譯人才對我們很重要。我們是需要有一些人來學這個語言，並正確無誤地也翻譯出來，但對於一般的人來說，並不是那麼需要，雖然那樣會很有幫助，可是我想還是可以不用學。

問：台灣的金剛乘密宗，灌頂要比給予教法來得更受歡迎，那麼在澳洲的情況或其他西方國家的情形如何？

答：在西方並沒有給予這麼多的灌頂，事實上我對此感到非常的驚訝！當我第一次到新加坡時，那邊的人和我以前所接觸的極為不同，他們似乎對灌頂有濃厚的興趣，但對於教理並不怎麼了解，對於修行的興趣也不大；幸運的是，仍有些人對於修行、教法、禪定有興趣，但人們對於西藏佛法的內容和背景並不怎麼了解。

當然，去接受灌頂，並且對法有很好的信心，這是一件好事；但是我們為什麼要接受密宗灌頂的原因，是為了能如實的修行，這就好像我們把種子撒在地上，若不去照顧它，那麼它不會長出什麼東西來。而把種子撒在地上是很簡單，就像我們接受灌頂可以得到一些利益，但是如果我們不如實修行的話，在日常生活之中，還是要遭受貪、瞋、痴的毒害。

所以如果我們真的要開展一些對我們身心真正有價值的東西，我們有必要每天禪坐、接受老師的指導。在此之前，我們還要了解真正的密宗及它的教法；如果我們能先了解大乘的基本教理，去聽聞及不斷地反覆研習大乘的佛法，使我們對大乘的教法有深入的了解，再去接受密宗的灌頂及教法，如實的修行，才能得到真正的利益。

問：現在雖然有很多喇嘛來台灣傳授西藏佛法，但他們很嚴重地忽略了中國佛教的傳統，他們把中國人當作西方人一樣，以為對佛法完全不懂，他們給的開示在「質」和「量」上都不夠，以為西藏佛法最了不起。但事實上佛教傳入中國比西藏早了幾百年以上，中國佛教本身相當豐富，但這些喇嘛並不了解，我想這些喇嘛對金剛乘灌頂的盛行也有責任？

答：我對於其他喇嘛如何開示並不了解，因為我沒聽過其他喇嘛的開示。不過我想這樣的事情是很可能發生的，這是由於西藏歷史的關係。在一九五九年以前，西藏居於一個與世隔絕偏僻之處，如今他們又大部分住在印度，所以他們對中國佛教的情形當然不了解；但是我想，為什麼他們的開示會如此簡單，那是由於語言的障礙，由於在台灣傳法，必須透過兩個人的翻譯，因此沒有辦法給太多的開示。

以我的經驗來說，我和別人討論佛法時，雖只需透過一道英文翻譯的手續，但即使如此，請法以及開示的人都已疲憊不堪，同樣的時間，卻只有一半用在開示，另一半用在翻譯上，語言在其中成了障礙。對西藏喇嘛而言，必須將藏文翻英文，再翻中文，大概只有三分之一的時間作開示。我想這是造成他們給的開示太簡單、無法深入、以及令人感到無聊的重大原因。

事實上西藏佛法的義理是非常深入而廣博的，必須要二十至三十年以上的佛學教育才能使他們的授課相當圓滿。我想台灣人如果想研修西藏佛法的話，完整的西藏佛教傳承已被帶到印度。在未來，喇嘛的傳法經驗如果能更豐富，一些格西能由英文直接來教授，中國人也能培養許多能由藏文直譯成中文的翻譯員，而喇嘛們也能發心學習中文，能由中文直接給予教授就最好不過了，雖然這可能要花費許多時間，但我相信在未來必會發生，正如他們現在在西方傳法一樣。

問：談談您個人的修持？

答：我的老師常強調：主要的修持是禪修與讀經。西藏的存在至今尤其是格魯派的傳統特別強調，所以我盡可能的找時間靜坐和讀書。禪修是通往涅槃境界的要法，基本上它由出離心、發展菩提心與了悟空性的智慧，三方面構成，這三點包括了所有的佛法，一切法門沒有在此之外的了。這是佛法的三個重要主題，不同的禪修方法只是重點不同，我正盡力在做這三方面的禪修，因為我個人也接受過相當多的灌頂，所以也抽空修法。

問：請問您有上師的資格嗎？

答：當然沒有，那要許多時間，甚至是多生的修持方可，而我正剛開始學習，我還是一個佛教的嬰兒呢！

問：您對西藏轉世制度的看法如何？

答：台灣的人特別喜歡轉世上師，因為他們喜歡的是外在的「名」，而忽略內在解、行實力，這是很令人遺憾的。

問：請問您對台灣放生的看法？

答：放生是很好的，但台灣河川污染很嚴重，很多鳥獸也非野生，也許設置保護區或規劃，購置專門放生用地區是可行的吧。

國家圖書館出版品預行編目 (CIP) 資料

活佛老師問：參訪 29 位藏密大上師的歷史現場 /
巴麥欽哲仁波切（黃英傑博士）著 --
初版 . -- 臺北市：商周出版：家庭傳媒城邦分公司
發行 , 2019.3
面；　公分
ISBN 978-986-477-636-8（平裝）

1. 藏傳佛教 2. 佛教修持

226.965　　108002485

活佛老師問：參訪 29 位藏密大上師的歷史現場

作　　者　巴麥欽哲仁波切（黃英傑博士）
責任編輯　徐藍萍
編輯協力　于蕙敏

版　　權　黃淑敏、翁靜如
行銷業務　王瑜、闕睿甫
總 編 輯　徐藍萍
總 經 理　彭之琬
發 行 人　何飛鵬
法律顧問　元禾法律事務所 王子文律師
出　　版　商周出版　台北市 104 民生東路二段 141 號 9 樓
電話：(02) 25007008　傳真：(02)25007759
E-mail：ct-bwp@cite.com.tw　Blog：http://bwp25007008.pixnet.net/blog
發　　行　英屬蓋曼群島商家庭傳媒股份有限公司城邦分公司
台北市中山區民生東路二段 141 號 2 樓
書虫客服服務專線：02-25007718　02-25007719
24 小時傳真服務：02-25001990　02-25001991
服務時間：週一至週五 9:30-12:00　13:30-17:00
劃撥帳號：19863813　戶名：書虫股份有限公司
讀者服務信箱 E-mail：service@readingclub.com.tw
香港發行所　城邦（香港）出版集團有限公司　香港灣仔駱克道 193 號東超商業中心 1 樓
E-mail: hkcite@biznetvigator.com　電話：(852)25086231　傳真：(852)25789337
馬新發行所　城邦（馬新）出版集團 Cite (M) Sdn Bhd
41, Jalan Radin Anum, Bandar Baru Sri Petaling, 57000 Kuala Lumpur, Malaysia.
Tel: (603) 90578822　Fax: (603) 90576622　Email: cite@cite.com.my

封面設計　張燕儀
印　　刷　卡樂彩色製版印刷有限公司
總 經 銷　聯合發行股份有限公司　新北市 231 新店區寶橋路 235 巷 6 弄 6 號 2 樓
電話：(02) 2917-8022　傳真：(02) 2911-0053

■2018 年 3 月 7 日初版
■2019 年 4 月 23 日初版 2 刷
定價 420 元

城邦讀書花園
www.cite.com.tw

Printed in Taiwan

　ISBN 978-986-477-636-8